KB140101

노인 평생교육시설 프로그램 참여 동기와 비참여 요인

노인 평생교육시설 프로그램 참여동기와 비참여요인

· 이부일 지음 ·

한국학술정보㈜

머리말

우리나라는 고령화 속도가 세계에서 가장 빠른 속도로 진행되고 있다. 2009년 우리나라 인구의 10.3%가 이미 60세 이상의 인구로 구성되어 고령사회 혹은 초고령사회로의 진입을 앞두고 노인문제가 국가적 차원의 이슈로 제기되었다.

고령화 현상은 개인적 혹은 가족 차원에서뿐만 아니라 사회적으로도 예측하지 못했던 문제들이 발생했고, 이를 제대로 준비하지 못한 상태에서 빚어진 혼란은 다양한 사회적 병리형태로까지 나타나게 되었다. 우리나라가 OECD 국가 가운데 노인자살률 1위인 것도 그 일례라 할 것이다(OECD, 2009).

우리는 이런 노인들의 문제에 대해 얼마만큼 신중하게 준비하였으며 준비되어 있는가에 대해 사회적 차원의 고려가 있었던가를 반추해 보아야 할 시기인 것이다.

국가적, 사회적 차원의 노인에 관한 관심이 증가하고 있으나, 이를 위한 노인평생교육정책이나 교육복지의 실현은 아직 미흡한 실정이다. 평생교육법에 노인평생교육에 관한 규정이 없는 것이 그 예라 하겠다(교육과학기술부, 2009).

노인이 되었을 때 한 인간으로서 어떤 특성을 갖게 되고 그런 특성들을 반영하여 노인에 대한 개인적, 사회적 차원에서의 평생교육적 배려나 준비는 여전히 관심에서 벗어나 있는 실정이다.

노인이 됨으로써 갖는 다음의 몇 가지 변화, 첫째, 시간이 많아진다는 것과 둘째, 경제적 결핍의 문제와 셋째, 라이프스타일의 변화의 양상은 노인평생교육의 필요성을 증가시키고 있다 하겠다(김태현, 2007). 이런 현상들은 변화라기보다는 개인 혹은 노인집단이 겪는 문제들인 것이다. 이런 문제들에 대한 인식은 공감하면서 이를 해결하기 위한 시도는 적극적으로 강구되고 있지 않는 실정이다.

이에 대해 본 연구는 노인에게 집을 벗어나 사회생활을 하는 라이프스타일을 제공하고 활동거리를 제공하는, 즉 개인에게 일거리로 학습활동을 주목하였다. 따라서 노인들이 학습활동에 참여하는 것은 집을 벗어나 일거리가 되고 가족을 벗어나 새로운 사회관계를 형성할 수 있는 계기가 된다는 점에서 노인의 평생교육 프로그램의 참여가 필요한 것이다. 노인의 경우 평생교육의 참여는 이처럼 생활의 일상 활동으로 간주될 수 있음을 고려할 때 참여하지 않는 노인을 새롭게 노인평생교육에 참여하게 하는 것은 매우 중요한 일이다. 이런 의미에서 노인의 새로운 역할이나 노인이 됨으로 인해 생겨나는 이상의 요구들을 해결하기 위해 노인들의 학습에 대한 필요성이 제기되었다.

이에 본 연구는 노인들이 사회적, 개인적 차원에서 평생교육에 대한 필요성이 제기되고 있음에도 불구하고 참여하지 못하는 이유가 무엇인가를 파악하는 데 그 목적이 있다. 또한 평생교육 프로그램 참여 노인들의 참여 동기와 비참여 노인들의 비참여 요인 그리고 노인들의 평생교육 프로그램에 대한 교육요구가 노인들의 배경특성변인, 인구학적 요인에 어떤 차이가 있는가를 분석하고자 했다. 이는 현재 개인적 배경요인에 따라 노인평생교육에 참여하고 있는 사람들이 왜 참여하고 있는가를 밝혀 보고, 참여하지 않는 사람들은 왜 참여하지 않고 있는가를 연구함으로써 소외되어 있는 노인들에게 평생교육 기회를 확대할 수 있을 것이며 비참여 노인들이 학습활동에 적극적으로 참여할 수 있는 방안을 강구하는 자료를 제공하고자 했다.

본 연구는 노인들의 평생교육에의 참여 및 비참여와 관련된 이유와 그들의 참여를 촉진하거나 저해하는 요인을 발견하여 비참여 노인들을 적극적으로 평생교육에 참여하게 하는 데 그 목적이 있다. 연구목적을 달성하기 위해 다음과 같은 연구문제를 설정하였다.

첫째, 노인들이 노인복지관 평생교육 프로그램에 참여하는 이유는 무엇이며 개인의 사회경제적 요인이 영향을 미치는가?

둘째, 노인복지관 평생교육 비참여 노인들이 프로그램에 참여하지 않는 이유는 무엇이며 개인변인에 따른 차이가 있는가?

셋째, 노인들의 평생교육시설 프로그램에 대한 교육요구는 무엇인가?

본 연구대상은 평생교육 프로그램에 참여하고 있는 노인과 평생교육 프로그램에 참여하지 않는 노인들을 선정하였다. 조사 도구는 총 320부의 설문지를 배부하였으나 비문해자와 청력 및 시력의 저하 등 신체적인 문제로 응답에 어려움이 있어, 이 경우 대상노인들을 개별적으로 질문지를 면담형식으로 하여 대신 체크하는 방식을 사용하였다. 자료의 분석은 SPSS 12.0 프로그램을 사용하여 x^2 검증(Pearson's chi–square test)과 교차분석을 사용한 기술통계와 각 요소들 간의 영향 요인을 규명하기 위해 이분형 로지스틱 회귀분석(Binary Logistic Regression)을 사용하였다.

본 연구의 주요 분석 결과는 다음과 같다.

노인참여자들의 평생교육 프로그램 참여 동기는 인간관계를 만들고자 하는 이유와 일상생활의 스트레스 해소를 위해 삶의 활력을 얻기 위한 것이 가장 큰 참여 동기로 드러났다. 노인평생교육의 참여자와 비참여자 간의 차이는 배우자가 없는 경우와 자녀내외와 함께 거주하는 경우 참여율이 높으며, 노인들의 평생교육 참여자와 비참여자 간의 차이는 개인의 가구소득과 최종학력에 따라 유의미한 차이가 있다.

노인평생교육 프로그램에 참여하는 사람은 고학력 남성의 경우 참여 의사가 많다. 그리고 평생교육 비참여 노인들이 참여하지 않는 이유는 정보를 얻지 못하거나 교육은 불필요하기 때문에, 또는 공부하기에는 나이가 많아서, 건강이 좋지 않아서라는 이유가 컸다.

따라서 본 연구 응답자들은 향후 평생교육 참여요구가 참여자에게 강하게 드러나 이미 참여하고 있는 사람들이 비참여자들에 비해 참여요구가 지속적임을 알 수 있었다. 뿐만 아니라, 앞으로 참여하고 싶은 노인평생교육 프로그램 분야는 컴퓨터 및 외국어 관련 분야와 휴대폰 다루기 등 기본 정보 관련 교육이 매우 높게 나타났다.

이상의 본 연구결과로부터 도출된 결론은 다음과 같다.

노인평생교육시설 프로그램 참여는 활동지향적 동기가 강하며, 그 동기로서는 스트레스 해소 및 인간관계 확장, 삶의 활력에 도움을 얻기 위한 것이었다. 노인들이 평생교육 프로그램에 참여하지 않는 이유는 개인적인 원인보다는 제도적, 기관적 차원의 문제가 우선하였다. 노인들의 평생교육은 기능적 문해에 대한 교육요구가 높으며, 소외된 노인들은 노인평생교육에서도 소외되어 있고, 노인들이 평생교육 참여 여부와 미래 참여의향은 배우자의 유무와 매우 관련이 높았다.

결국, 본 연구에서 추출한 바에 의하면, 노인들의 평생교육 참여는 자신의 외로움을 극복하고, 새로운 인간관계 형성을 위해 평생교육에 참여하는 데 그 이유가 있었다. 노인교육의 참여는 정보전달이나 지식을 얻는 것보다는, 일상생활의 무료함이나 새로운 말동무를 얻기 위한 외로움 극복이나 활동지향적인 동기가 강했다. 노인들의 평생교육 참여를 저해하는 것은 건강 문제와 함께 교육정보를 잘 알지 못하거나 배울 필요가 없고 배우기에 늙었다고 생각하는 데 기인한 것으로 나타났다.

따라서 노인평생교육시설 프로그램은 노인들의 기능적 문해 능력을 고양시켜 일상생활을 하는 데 불편이 없도록 하는 프로그램으로 전환되어야 한다. 그리고 소외된 노인의 평생교육 참여를 위해서는 노인저학력자와 노인여성을 위해 배움의 기회를 확대하여야 한다. 이들의 참여를 유도할 수 있도록 하며, 그러므로 우리는 마땅히 노인평생교육이 이들의 사회참여를 촉진하는 방안으로 활용될 수 있도록 하여야 한다.

본 연구는 궁극적으로 우리나라 노인교육의 참여가 노인 자신의 발전과 행복을 위해 바람직한 방향으로 전개되고 있는가의 과제에 문제를 제기하고, 해결하기 위한 것이다. 이를 위해 노인교육 프로그램 참여 여부와 그 동기에 미치는 요인을 규명하고자 하였다. 저출산·고령사회에 대비하여 질적 측면에서 노인의 자기계발의 동기강화와 프로그램 개발의 방향을 시사하고 정책적으로 기여하는 데 기대된다. 또한 노인들의 평생교육 프로그램 비참여 요인을 규명하여 노인평생교육 프로그램 참여에 활성화하는 데 학문적으로 연구가 부족한 상태에서 일조할 것으로 기대된다.

노인교육연구에 관한 접근은 여러 자연과학적 연구 분야의 학문영역에서 다양한 방법을 통한 연구가 필요하며 사회과학적 접근의 연구뿐만 아니라 생물학, 의학 등 활발하게 이루어지고 있다. 본서에 수록된 연구논문은 필자의 개인적 특성상 사회과학적 시각을 통하여 평생교육적 시각의 관점에서 조명한 내용에 한정됨을 밝혀 둔다. 본서에 미처 다루지 못한 노인교육 프로그램 부분에 대해서는 필자가 앞으로 지속적인 관심을 가지고 연구를 수행해야 할 분야로 남겨 두고자 한다.

끝으로 본서는 저자의 박사학위논문을 토대로 구성하였으며, 논문의 완성을 위해 물심양면으로 도움을 주신 기영화 교수님, 최은수 교수님, 허정무 교수님께 깊은 감사를 표한다. 또한, 본서를 출판하게 기회를 제공해 준 한국학술정보(주)에 변함없는 감사를 드린다.

2010년 4월
이부일

목 차

제4장 **연구결과 및 논의**

제5장 **결론**

우리나라는 고령화가 세계에서 가장 빠른 속도로 진행되고 있다(UNESCO, 2008). 고령화 현상은 개인적 혹은 가족 차원에서뿐만 아니라 사회적으로도 예측하지 못했던 문제들을 발생시켰고, 이를 제대로 준비하지 못한 상태에서 빚어진 혼란은 다양한 사회적 병리형태로까지 나타나게 되었다. 우리나라가 OECD 국가 가운데 노인자살률 1위인 것도 그 일례라 할 것이다(OECD, 2008). 이러한 노인들의 문제는 우리나라가 고령사회에 적절히 대응하지 못한다면 더 가속화될 것이고, 단순히 어느 시기가 되면 해결될 문제가 아닌 지속적인 사회현상으로 남게 될 것이다. 왜냐하면 노화는 누구도 살아 있는 한 피해 갈 수 없는 현상이기에 노인이 되는 것, 그리고 노인이 됨으로써 처하게 되는 상황들도 역시 드러나게 되기 때문인 것이다.

그렇다면 우리나라는 이런 노인들의 문제에 대해 얼마만큼 신중하게 준비하였으며 준비되어 있는가에 대해 사회적 차원의 고려가 있었던가를 반추해 보아야 할 시기인 것이다. 고령화 사회로의 진입속도가 가장 빨랐던 만큼 노인부양비율의 급속한 증가는 국가경쟁력 차원에서도 심각하게 다루어져야 할 부분인 것이다. 우리나라 노인부양비율은 2030년 37.3%에서 2050년 69.4%로 늘어날 전망이고 이는 미국의 34.9%나 영국의 47.3%, 프랑스의 47.3%와 비교할 때 그 심각성을 인식할 수 있을 것이다. 이로 인해 기존의 노인에 관한 관심은 증가하고 있으며 그 속도 역시 매우 빠르다 하겠다(보건복지가족부, 2008).

국가적, 사회적 차원의 노인에 관한 관심이 증가하고 있으나, 이를 위한 노인평생교육정책이나 교육복지의 실현은 아직 미흡한 실정이다. 평생교육법에 노인평생교육에 관한 규정이 없는 것이 그 예라 하겠다(교육과학기술부, 2008). 노인에 대한 관심은 주로 복지 차원에서 사회사업의 형태로 이루어지고 있고 노화에 대한 관심은 의학, 간호학, 보건학 등의 분야에서 관심거리로 연구되어 왔다. 그 연구도 노인이 되는 것을 지연시키는 노화를 방지 혹은 예방하는 차원에 초점을 두고 있는 것이었다. 노인이 되었을 때 한 인간으로서 어떤 특성을 갖게 되고 그런 특성들을 반영하여 노인에 대한 개인적, 사회적 차원에서의 평생교육적 배려나 준비는 여전히 관심에서 벗어나 있는 실정이다.

노인이 됨으로써 갖는 다음의 몇 가지 변화는 노인평생교육의 필요성을 증가시키고 있다 하겠다(김태현, 2007). 첫째, 시간이 많아진다는 것이다. 출퇴근할 곳이 없어 시간을 어떻게 보내야 할 것인가가 당장에 이들에게 닥친 문제로 드러난 것이다. 둘째, 경제적 결핍의 문제이다. 소득이 줄어들고 혹은 소득원이 중단되면서 이들이 갖는 경제적 어려움인 것이다, 경제적 어려움은 실질적인 소득의 감소 뿐만 아니라, 심리적인 위축과 근심거리가 된 것이다. 셋째, 라이프 스타일의 변화로 집-직장-사회활동의 스타일은 개인에 따라 극단 적인 경우 집에만 있게 되는 그래서 가족들과 함께 시간을 보내야 하는 데서 어려움을 겪고 갈등의 가능성이 높아지는 것이다. 이런 현상들은 변화라기보다는 개인 혹은 노인집단이 겪는 문제들인 것이 다. 이런 문제들에 대한 인식은 공감하면서 이를 해결하기 위한 시 도는 적극적으로 강구되고 있지 않은 실정이다.

이에 대해 본 연구는 노인들에게 집을 벗어나 사회생활을 하는 라 이프스타일을 제공하고 활동거리를 제공하는, 즉 개인에게 일거리로 학습활동을 주목하였다. 따라서 노인들이 학습활동에 참여하는 것은 집을 벗어나 일거리가 되고 가족을 벗어나 새로운 사회관계를 형성 할 수 있는 계기가 된다는 점에서 노인들의 평생교육 프로그램에의 참여가 필요한 것이다. 노인들의 경우 평생교육에의 참여는 이처럼 생활의 일상 활동으로 간주될 수 있음을 고려할 때 참여하지 않는 노인들을 새롭게 노인평생교육에 참여하게 하는 것은 매우 중요한 일이다. 이런 의미에서 노인들의 새로운 역할이나 노인이 됨으로 인 해 생겨나는 이상의 요구들을 해결하기 위해 노인들의 학습에 대한 필요성이 제기된다.

그러나 실제 노인들이 참여할 수 있는 교육활동은 제한되어 있는 실정이고 실제 참여자의 수도 적다. 또한 노인을 대상으로 한 평생 교육의 연구에서도 비참여를 대상으로 한 연구는 부족하여 참여하지 않고 있는 자들을 새롭게 참여시킬 수 있는 대책을 강구하는 데 기 초자료가 부족한 실정이다.

실제 노인들의 평생교육 참여는 그 통계조차 제대로 잡히지 않고 있다. 우리나라 성인들의 평생교육 참여율은 2007년 OECD 주요회원국 성인(25~64세) 평생학습참여율조사에 따르면 29.8%로 드러났다(KTV 국정와이드, 2007.12.27. 20:00). 이는 핀란드가 64.8%, 영국이 53.7%, 미국이 48.1%, 캐나다가 40.6%인 것과 비교하면 매우 낮은 수준이라 하겠다. 그러나 이런 성인들의 평생교육 참여율 조사에서조차 노인들의 평생교육에 관한 부분은 따로 자료가 드러나지 않은 실정이다. 현재 다양한 교육기관에서 노인교육 프로그램을 진행하고 있지만 아직까지 우리나라 노인들의 노인교육 참여 정도는 매우 저조한 상태이다. 교육과학기술부와 한국교육개발원이 전국 2,620개 평생교육시설을 대상으로 한 2008년 평생교육통계조사(교육과학기술부, 2008) 결과에 따르면, 노인을 대상으로 하는 수요대상별로 프로그램이 총 프로그램 가운데 1.6%(1,388개)로 가장 적은 것으로 나타났다.

노인평생교육을 전담하는 기관도 다른 세대에 비해 부족한 실정이다. 청소년 복지관이나 여성경력개발센터 혹은 여성인력센터, 여성복지관 등 사회적 약자를 위한 평생교육기관들이 각 지방정부의 노력에 의해 급속도로 확장된 반면 노인복지관의 경우 전국에 212개소(한국노인종합복지관협회, http://www.kaswcs.or.kr/2009.03.02), 서울에 27개소를 두고 있다. 이는 전체인구의 10.3%가 60세 이상인 통계청 발표(통계청 고령인구조사 2008. 7. 1 기준)에 준하여 보면 노인들을 대상으로 한 평생교육기관에 대한 관심이 많지 않음을 알 수 있다.

실천현장을 떠나 학문적인 분야에서조차 정작 우리나라 노인들의 평생교육 참여 동기와 저해요인은 무엇인지에 관한 실증적인 연구는 활발하지 못한 형편이다. 다양한 필요성에도 불구하고 노인교육의 비참여 원인, 즉, 노인의 교육 참여를 촉진 및 저해하는 요인들에 관한 연구는 부족하다(기영화, 2008; 한정란, 2008; 허정무, 2001). 이는 노인에 대한 평생교육이 참여가 저조할 뿐만 아니라, 이에 대한 국가 차원의 관심 역시 미흡함을 알 수 있다. 실제 노인들에게 평생교육이 갖는 의미는 다양한 것으로 밝혀졌다. 미국의 경우 노인들의 도서관 이용률이 높은 것은 평생교육의 참여뿐만 아니라 자원봉사 등의 일상 활동 장소로 이용하고 있음을 보여 주는 예이기도 하다(조해경, 2002; 임창희, 2005).

이에 본 연구는 노인들이 사회적, 개인적 차원에서 평생교육에 대한 필요성이 제기되고 있음에도 불구하고 참여하지 못하는 이유가 무엇인가를 파악하는 데 그 목적이 있다. 또한 평생교육 프로그램 참여 노인들의 참여 동기와 비참여 노인들의 비참여 요인 그리고 노인들의 평생교육 프로그램에 대한 교육요구가 노인들의 배경특성변인, 인구학적 요인에 어떤 차이가 있는가를 분석하고자 한다. 이는 현재 개인적 배경요인에 따라 노인평생교육에 참여하고 있는 사람들이 왜 참여하고 있는가를 밝혀 보고, 참여하지 않는 사람들은 왜 참여하지 않고 있는가를 연구함으로써 소외되어 있는 노인들에게 평생교육 기회를 확대할 수 있을 것이며 비참여 노인들이 학습활동에 적극적으로 참여할 수 있는 방안을 강구하는 활용될 자료를 제공하고자 한다.

이상에서 논의한 연구목적을 달성하기 위한 구체적인 연구문제는 다음과 같다.

첫째, 노인들의 노인복지관 평생교육 프로그램에 참여하는 동기는 무엇이며 개인의 사회경제적 요인에 따른 차이가 있는가?

둘째, 노인복지관 평생교육 비참여 노인들이 프로그램에 참여하지 않는 이유는 무엇이며 개인변인에 따른 차이가 있는가?

셋째, 노인들의 평생교육 프로그램에 대한 교육요구는 무엇인가?

본 연구에서 논의한 용어의 정의는 다음과 같이 범위를 한정하여 조작적 정의를 하여 사용하였다.

❖ 노인

본 연구는 60세 이상을 노인으로 정의하였다. 논의를 기술하는 과정에서 노인은 고령자, 노년, 제3세대 등의 용어와 혼용하였다.

❖ 노인평생교육

노인평생교육은 평생교육의 대상으로서 노인들이 참여하고 있는 평생교육을 말한다. 본 연구에서 노인교육과 노인평생교육 및 노인평생학습을 혼용하였다.

❖ 참여 동기

참여 동기는 본 연구대상이 평생교육 프로그램에 등록하여 참여하고 있는 이유를 말한다.

❖ 비참여 요인

비참여 요인은 노인평생교육 프로그램에 참여하지 않았던 노인들이 참여하지 않은 이유를 말한다.

✧ **노인평생교육 참여자와 비참여자**

본 연구에서는 연구대상 기관의 평생교육 프로그램에 등록하여 현재 수강 중이거나 이전에 수강 경험이 있는 자를 참여자로 정의하고 지금까지 평생교육 프로그램에 등록하여 참여한 경험이 없는 사람을 비참여자로 정의하였다.

제2장 문헌 고찰

평생교육이 인간발달 과정에서 모든 시기에 걸쳐 각 발달단계의 발달과업을 수행하기 위해 필요한 것이다. 노년기 역시 발달과업이 있고 이를 성공적으로 수행하기 위한 평생교육이 필요하다. 다음에서는 노년기의 평생교육은 왜 필요하며 노화와 평생교육의 필요성 및 노인의 평생교육이 어떤 기능을 하는지를 논의하고 평생교육의 참여 모형과 참여 동기 및 비참여 요인에 대한 선행연구와 우리나라와 외국의 노인평생교육 현황을 통해 시사점을 얻고자 하였다.

2.1. 노인의 평생교육

노년기는 인간발달단계의 한 과정이다. 노인들은 코드 집단으로서 동질성을 갖고 있을 것으로 간주되지만, 실제 이질성이 가장 높은 집단이다(Manheim, 2004). 이런 특성을 고려하여 노화에 대한 관점을 살펴보고 노년기의 평생교육에 대한 다양한 학자들의 논의를 고찰하고자 한다.

2.1.1. 노화와 평생학습

노화현상은 여러 가지 형태로 나타나고 있다. 그러나 현실적으로 노인들의 심리적, 정서적 영역에 대한 관심보다는 물질적, 경제적 생존의 문제에 더 초점이 주어져 있는 실정이다. 그러나 노인들은 복지적 차원의 고려에 못지않게 자신들의 삶을 영위할 수 있는 한, 개인으로서 존엄성을 갖고 자아를 실현하려는 요구가 강하다. 다음에서는 노년기의 자아실현 요구는 노인들의 평생교육 요구를 증진시키고 있음을 노화에 대한 관점과 노화와 학습능력을 논의할 것이다. 노화로 인한 일반적인 특성을 바탕으로 노인의 학습능력은 노인평생교육 참여 동기와 비참여 요인에 영향을 미치고 있기 때문이다.

2.1.1.1. 노화에 대한 관점

노화는 하나의 과정이며 각 개인에 대한 노화의 양상은 다르다. 노화를 논의하는 학자들의 관점은 다양한 방식으로 접근되고 있으나 본 연구는 노인평생교육의 참여와 비참여에 미치는 개인의 사회적 변인을 분석하기 위해 노화의 사회적 관점과 개인적 관점에 초점을 맞추어 논의하고자 한다. Jarvis(2001)에 따르면 사회는 노화의 관점을 구성하는 토대가 된다. 사회적 규범, 기대, 체계적 권력 등이 노화에 영향을 미치고 개인이 노화를 인식하는 방식에도 영향을 끼친다고 한다. 이런 두 가지 관점은 다른 학자들에 의해 노화의 사회적 이론과 교육적 과제로 연계하려는 시도로 발전하였다(Atchley & Barusch, 2004).

첫째, 노화에 관한 개인적 관점이다. 사람들이 어떻게 성숙해 가고 늙어 가는가를 개인적 차원에서 살펴보는 것이다. 노인들은 그들이 원하는 한 혹은 할 수 있는 한 다른 방식으로 발달을 지속할 수 있다. 발달의 필요성은 사회 환경의 변화와 관련하여 제기되기 때문에 노인들은 세상에 대한 경험들 간에는 불일치들이 항상 있게 마련이다. 학교교육의 관점에서 한 개인은 나이를 먹어 감에 따라 배우는 기회는 줄어드는 것이기도 하였고 그로 인해 사회적 변화에 대응하는 개인적인 발달은 속도가 느려졌다. 더욱이 이런 과정이 우리 몸의 노화됨과 일치한 것처럼 간주되었다. 그러나 실제 한 인간이 나이가 든다는 것은 자신들의 삶을 돌아보고 새로운 세대로 그들의 경험을 전수하게 하며 여전히 사회에서 유용한 기능을 하고 있었다. 그들은 행복감을 경험하거나 자아 보전을 경험할 수 있었다(Erikson, 1963).

둘째, 사회적 관점이다. 사회적 노화는 생활 연령이나 인생 단계에 기초를 둔 지위나 기회들을 사람들에게 제공해 주는 것을 포함한다. 나이는 적격성을 결정하고, 적합성을 평가하며, 사회의 다양한 사회적 역할들에 관한 기대를 수정하는 데 사용된다. 단체 안에서의 위치나 이것과 수반되는 역할과 관계들은 사람들이 그들 사회에 참여하는 것을 규정짓는다. 우리가 새로운 역할을 시작하면서 우리는 그 역할을 보다 형식적으로 수행하려고 하며, 노화가 그들의 역할 관계의 지속성과 안전성을 증가시키기 때문에 이는 사회적으로 만족스러운 과정임을 발견한다(Mills, 1993). 노화한다는 것은 사회적으로 이점이 있는 위치를 오랫동안 가지고 있음으로 부, 명성, 그리고 영향력과 같은 이점들을 축적할 수 있기도 하다. 또한 한 위치에 오래 있으면, 나이로 인해 갖게 되는 불리한 점을 상쇄시킬 수 있는 뛰어난 능력도 발전시킬 수 있다.

이 두 가지 관점을 비교 분석하면, 개인적인 관점은 일생을 통해 학습과정을 통해 성숙, 발전해 가는 단계라는 측면에서 노화를 바라보는 시각이다. 사회적인 관점은 생활 연령이나 인생 단계에 기초를 둔 지위나 기회들을 사람들에게 제공해 주는 것과 다양한 사회적 역할들의 변화와 관련하여 노화를 바라보는 관점이라는 차이를 가지고 있다. 다음 <표 2-1>은 노화의 개인적 관점과 사회적 관점의 차이를 비교한 것이다.

〈표 2-1〉 노화의 개인적 관점과 사회적 관점 차이

구분	관점	개인적 관점	사회적 관점
분리 이론	과정	담당역할, 관계, 생활공간 감소	노년 사회적 역할 배우고 수동 사회통합에 기여
	결과	개인, 사회 만족	노인가치 평가 절하
	교육학적 과제	생활범위, 역할규범 익숙해져야 함	사회 통합적 기여하도록 동기부여 중요
활동 이론	과정	활동, 역할 유지 및 수행 중요	연령성층체계에 따라 가치, 역할 분배정
	결과	역할지원에 의한 자아의식의 정당화	사회는 연령성층에 따라 계속 변화
	교육학적 과제	타인의 역할지원 얻기 위해 노력	실력에 따른 분류 이루어지도록 사회적 분위기 조성

구분 \ 관점		개인적 관점	사회적 관점
지속 이론	과정	성공적 노화는 삶의 과정 중에 생성된 인성유형과 관련성	사회 전체적 변화 및 일정한 방향성 유지
	결과	노화란 한사람의 삶 속에서 만들어진 상태	노인의 지위 저하, 노령화
	교육학적 과제	다양한 인성 유형 중 통합형이 되도록 노력함	노인의 소질과 능력 발휘 기회 제공

출처: 이호선(2005), pp.29 - 31의 내용을 본 연구목적에 맞게 연구자가 재정리함.

이상에서 논의한 개인적 관점과 사회적 관점의 차이는 활동이론과 지속이론에서 그 차이를 잘 드러내 주고 있기도 하다. <표 2 - 1>에서 보는 바와 같이, 노화를 설명하는 분리이론에서는 개인적 관점에서 도시적 배경에 적합하지만 사회적 관점에서는 늙으면서 규범이 모호해지고 역할이 상실되어 사회화의 동기부여가 이슈로 등장하고 있다. 활동이론에서는 연령성층체계에 따라 가치와 역할이 분배되어 노인들의 다양한 개인차들이 무시되어 노인들이 보유하고 있는 지혜, 경험, 의미 등의 지식을 활용하는 대책이 필요하다. 지속이론에서는 결국 노화만 삶이 진행되는 과정 중의 하나라는 인식을 통해 노인들의 사회참여 기회를 더욱 확대시켜 질적인 삶의 변화를 유도하는 정책이 필요하다. 결국 노화란 자연스러운 삶의 과정이며, 잃는 것만큼 얻는 것도 있는 과정으로 생각한 것이다. 개인적 관점과 사회적 관점의 한 방향 정렬과 서로의 타협과 이해가 요구된다.

2.1.1.2. 노화와 학습능력

노인들에게 학습기회의 제공은 단순히 노인들의 학습만을 목적으로 하지 않는다. 노인들의 학습참여는 사회 부가적 효과까지 갖고 있다. 노인교육은 노인들 간의 만남의 장, 정보교환의 장을 제공하고,

노인들의 소외감을 줄여 자살 등의 사회적 병리현상을 막는다. 이런 노인교육의 부가적 효과까지 고려하면 노인교육에 참여하는 교육기회의 증진은 평생교육 참여를 위해 중요하다는 것이 여러 연구에서 논의되었다(기영화, 2004; Menheim, 2004; 이경희, 2000; 장성일, 2004; 전계향, 기영화, 2006).

그러나 이런 효과에도 불구하고 실제 노인들을 대상으로 하는 평생교육 프로그램은 미비하다. 그것은 노인들의 학습의 필요성뿐만 아니라 노인들의 학습능력에 대한 사회적 이해가 부족하기 때문이기도 하다(조해경, 2002). 노인학습자의 특성은 노화로 인한 학습능력의 영향으로 인한 것으로 노화에 따른 장기기억의 정보 보존과 검색에 있어서의 곤란이나, 청력과 시력의 감퇴, 건강문제, 학습동기에 관련된 저해 등이 다음과 같이 드러난다(Betty & Wolf, 1996).

첫째, 노인학습자의 신체 시스템과 기관은 노화의 정도, 성숙의 지속 정도, 발육 등에 따라 약간씩 상이하다. 노화는 매우 가변적이기 때문에 하나의 과정이라기보다는 여러 과정들의 집합체로 볼 수 있다. 이혜영(2002)은 다른 생물학적 과정들과 구별되는 노화에 대한 몇 가지 유용한 기준들을 제시했다. 노화 과정의 현상은 보편적이어서 결국 모든 사람들에게서 일어난다. 나이가 들어감에 따라 면역력이 떨어지기 때문에 질병을 이겨내는 능력이 감퇴한다. 노화는 우리 몸 안에서 일어난다. 이는 외부에서 우리 몸에 영향력을 미치는 사고와 같은 상황 요소나 광범위하게 펴져 있는 방사능과 같은 환경적 요인들을 배제하는 것으로 노화의 유전적 원리와 분명히 연관되어 있다.

둘째, 노화와 학습능력의 감소가 사회적 요인으로 인해 온다는 것이다. 노인의 학습능력의 감소를 사회적 차원에서 보는 경우가 있는데 학습의존모델과 사회정서적 선택이론을 들 수 있다(Lamdin & Fugatte, 1997). 학습 의존 모델은 노인들의 학습능력을 사회적 학습이론 틀에 근거하는 의존이란 개념으로 설명하고 있다. 이 모델에 따르면 의존이란 학습된 명백한 행동으로, 노인이 지배적인 의존에 영향을 미치고 사회적 조건들을 감당하지 못하는 '수렴작용'을 노인과 사회 환경의 행동적인 상호작용들이 의존을 강화하고 독자성을 무시하는 패턴에 의해 형성된다고 주장했다. 즉 노인의 의존은 노화의 생물학적 자연발생의 결과가 아니라 많은 영역에 있어서 사회조건의 결과로 노화로 인한 학습능력의 감소이다. 그리고 사회·정서적 선택 이론은 우선적으로 연령과 연관된 학습능력 저하를 설명하기 위해 고안된 것이다. 사회적 접촉에서 연령과 관련된 학습저하를 설명하고 있다.

셋째, 노인학습 차원에서 노화를 정신적 기능으로 보는 것이다. 정신적 기능은 복잡한 과정을 의미하며, 학습, 기억, 사고, 문제해결, 창의성, 지능, 전문적 지식 등으로 나뉠 수 있다. 학습은 나이가 들면서 쇠퇴하지만 70세까지 감퇴는 크지 않으며 모든 나이 그룹은 학습할 수 있다. 노화가 학습능력에 영향을 미치는 것에 대해서는 정확히 말할 수 없다는 입장이다. 기억은 나이가 들면서 감소하지만 구체적인 원인은 알 수 없고, 건강문제와 감각 손상(청력)이 관련 있고 저장된 정보의 양은 계속 증가한다. 따라서 새로운 정보와 친숙한 정보의 연결을 통해 새로운 정보를 기억하기 쉽게 한다면 노인들의 기억 감퇴를 보상해 줄 것이다. 사고는 분류, 논리적 추론을 하는 능력은 나이가 들면서 낮아지지만 이러한 경향은 부분적으로 사회적인 것이다. 문제해결능력 역시 노화로 인해서 감소하지만, 창의성은 노화에도 유지할 수 있다는 것이다.

지능에 대한 Woodruff-Pak(1975)의 연구에서 노화와 지능관계는 4단계를 통해 발달한다. 1단계는 조사자는 모든 지능을 단면적 나이 패턴에서 보며, 지능은 나이가 들면서 감퇴되며, 2단계는 장기적 자료를 통해 지능을 보며 지능은 유지, 3단계는 성인 지능이 향상될 수 있다는 가정하에 다양한 변수를 시험, 4단계는 참을성, 통합적 사고, 지혜와 같은 고차원의 정신적 능력은 젊은이보다는 증가하지 않는 것, 이러한 것은 나이가 들면서 증가한다. Schaie 등(2003)의 28년간 장기적 연구에서 지능은 몇 가지 요소로 구성되어 있고 노화에 따른 지적 능력의 변화는 개인에 따라 다르고 또한 개인들이 가지고 능력영역에 따라 변하지 않는 것과 변하는 것이 있다는 것이다.

2.1.2. 노인의 평생교육

노화에 대한 관점을 살펴보고 노화에 따른 학습능력의 변화를 살펴봄으로써 노인들의 학습능력이 감소되지 않음을 알 수 있었다. 이를 바탕으로 다음에서는 노인교육의 필요성과 평생교육의 학습자로서 특성을 논의하고자 한다.

2.1.2.1. 노인평생교육의 필요성

세계보건기구(WHO)의 '세계보건통계 2008'에 따르면 한국인 2006년 기준 평균 수명은 78.5세, 매년 평균 1.5세가량 평균 수명이 높아지고 있다. 이와 같은 인구의 고령화는 필연적으로 노인인구의 질적인 변화를 초래하고, 사회의 노인부양부담 증가 및 경제활동 인구가 감소하게 되며 지식기반사회의 도래로 평생교육에 대한 요구가 증가함으로써 필연적으로 노인교육에 대한 수요가 증대할 것으로 예측된다. 생활수준과 교육수준 향상으로 노인들의 요구가 보다 다양해져 노인들을 부양하는 데 요구되는 자원이 양적으로는 물론이고 질적으로도 증가하여 기존의 사회복지제도만으로는 더 이상 감당하기 어려울 것으로 보인다. 복지적 접근 역시 증가해 가는 부양부담으로 인하여 더 이상 노인문제의 충실한 해결책이 될 수 없음은 물론이고, 사후 치유책에 불과할 뿐, 보다 장기적이고 근본적이며 예방적인 해결책은 될 수 없다. 즉, 노인문제는 '복지'적 해결책의 제시나 '문제'의 분석만으로는 더 이상 해결할 수 없을 만큼 어렵고 복잡한 과제가 된 것이다. 이러한 노인문제를 보다 근본적으로 해결하고 노인들의 삶의 질을 향상시키며 고령화 사회의 진전에 적극적으로 대응하기 위한 한 가지 방안은 교육이라고 볼 수 있다(기영화, 2005).

또한 우리 사회에서 노인에 대한 전통적인 사고방식은 새롭게 도전을 받게 되었다. 급속한 사회경제적 환경 변화로 인해 과거 대접받고 가정 내 의사결정 주권자로서 노인의 위상은 사라진 것이다. 이로 인해 노인들 역시 노인으로서 사회적, 가족적 차원에서 갖고 있는 기대를 파악하고 이에 대응해야 할 요구가 생겨난 것이다. 이런 의미에서 노인들의 새로운 역할이나 노인이 됨으로 인해 생겨나는 이상의 요구들을 해결하기 위해 노인들의 학습에 대한 필요성이 제기된다.

그러나 실제 노인들이 참여할 수 있는 교육활동은 제한되어 있는 실정이고 실제 참여자의 수도 적다. 더욱이 노인들은 그들이 살아온 인생경험만큼이나 이질적이고 서로 다른 특성을 갖고 있는 존재들로 평생교육 프로그램을 개발하는 과정에 이들의 이질성이 최대한 반영되어야 할 것이다(Darkenwald & Merriam, 1982).

노인들의 평생교육은 노화에 적절히 대응 준비하고, 인간발달단계에서 최대한의 잠재력을 발휘하며, 사회변화에 보다 효율적으로 적응해 나갈 수 있도록 하기 위해 실시되는 경우가 많다. 그러나 노인들은 평생교육에서 다른 세대와 교육적 차별을 경험하고 있다. 우리나라 노인들의 평균 교육연수는 1970년 2.74년, 1980년 4.16년, 1990년 5.53년, 1995년 6.46년이었다. 1995년 모든 세대의 평균 교육 연수가 이미 10.25년인 반면, 50세 이상의 노인은 6.46년으로 세대 간 차별문제가 제기되었다. 노인들의 교육에 대한 요구를 사회적으로 방치할 경우, 이들을 사회적인 유휴노동력으로 퇴물화시켜 사회적 낭비까지 초래하게 된다(기영화, 2001). 그러나 우리나라의 노인교육을 위한 전문시설이나 전문교육은 부재하다. 다만 정부나 지방정부가 추진하는 노인교실, 노인학교 등이 있을 뿐이다. 이들 시설은 노인들이 함께 모이는 장소를 제공하는 데 그치고, 서비스와 만족도는 매우 저조한 것으로 드러나고 있는 실정이다(허정무, 2007).

차갑부(2002)는 성인교육을 기획하기 위해서는 어떤 형태로든 잠재적 학습자들에 대한 요구분석이 필요하다고 보았다. 학습자의 특성을 아는 것이 프로그램의 성패를 좌우하기 때문이다. 과거 선행연구에서는 노인교육 참여 동기와 저해요인연구는 많으나, 비참여자를 대상으로 한 연구는 부족하였다. 이로 인해 비참여자의 노인교육의 비참여 요인에 대해 파악하는 데는 한계가 있을 수밖에 없었다.

이와 함께, 노인교육에 있어 참여의 문제를 다루고 있는 연구의 사례도 거시적이기 때문에 그 관점을 통합하여 분석하거나 참여현상을 유기적 관련 도식으로 설명함에 있어 미흡함이 사실이다. 노인교육 참여에 관한 연구는 노인교육 실시의 효율화와 교육성과의 제고, 노인교육 기회 확대와 참여 증대라는 측면에서 중요성을 갖는다. 노인교육의 참여 동기와 학습요구 및 저해요인을 진단하고 분석하는 일은 학습자가 원하는 다양한 프로그램을 개발하여 제공하기 위한 일차적인 작업이 되며, 학습자가 원하는 적합한 방식으로 교육을 실시함으로써 노인의 교육 참여 의욕이 증대되고 효율적인 교육이 실시될 수 있다. 노인학습자의 입장에서 그들의 참여 동기나 저해요인 등이 분석되어 노인들의 교육 참여를 활발하게 이끌 필요가 있다.

2.1.2.2. 노인학습자들의 특성

노인들이 학습자로서 평생교육 프로그램에 참여하는 데 있어 일반 성인학습자와는 구별되는 노인 특유의 신체적, 심리적, 사회적 특성과 교육적 요구가 있음을 간과해서는 안 된다(서병숙, 1988). 또한 이러한 일반 성인학습자와 구별되는 특성으로 인한 노인평생교육 참여의 저해도 노인평생교육 참여와 비참여 요인을 논의하는 데 영향을 미친다. 노인학습자는 다음과 같은 특성을 지니는 것으로 논의된다

(Perterson, 1998; Merriam, 2004; Walker, 1996; Lowy & O'Conner, 1986).

노년기에 평생교육 활동에 참여하는 것이 성공적인 노화를 위해 중요하다는 것을 입증하기 위해 Betty & Wolf(1996)는 기존의 연구를 바탕으로 학습자로서 노인과 평생교육의 특성을 분석하여 다음과 같은 노인평생교육의 원리를 주장하였다. 이들의 연구는 노인과 학습의 연계 원리를 여섯 가지로 논의하였다. 이러한 원리는 개인의 성장과 발전을 강화하고 지지한다. 이러한 원리는 강력하지만 상호 연관적인 시스템이며, 우리의 가치와 실제에 대한 가이드라인을 형성하도록 한다. 이것은 조력자가 노인을 지원하고 도울 수 있도록 하는 통로를 제공한다.

첫째, 노화를 발달 과정으로 보는 것이다. 학습은 다양한 개인적 변화를 포함하는 과정으로서 모든 원리에 근거를 제공한다. 학습자의 발달적 성장을 지원하기 위해서 조력자는 새로운 행동부터 태도, 가치, 자신에 대한 생각을 재구조하는 것까지의 범위에서 요구되는 학습과 변화 유형을 분류하는 것이 필요하다. 도움이 되는 실천가는 노인 성인기 동안의 변화로서 개인에게 나타나는 변화에 대한 독특한 요구를 확인하는 것으로 시작할 것이다.

둘째, 개별 노인은 독특하다는 점이다. 학습에 대한 개인적 요구와 감정과 접근이 학습경험을 형성한다는 의미이다. 조력자의 임무는 각 노인의 개인 세계를 탐구하는 것이다. 이와 같은 관점에서 보면 시간과 인내심은 관계를 돕는 데 도움이 될 것이며, 실천가가 노인들과 신뢰를 공유하고 개발시킬 수 있는 충분한 기회를 주는 것은 그들의 의무이다. 조력자는 상호 작용하는 모두가 유일하다는 것을 인식하는 기술을 습득해야 한다. 노인의 세계에 대해 연구한 후에 영양 조절, 안전과 같은 학습 활동에 대해 제안해야 한다.

셋째, 노인들은 생리적 그리고 정신적 능력을 극대화해야 한다는 것이다. 학습능력은 인생의 도전을 만나는 것에 대해 적절하다. 노인들을 돕는 사람들로서 우리들은 나이가 들어가면서 나타나는 신체적 그리고 지적 변화에 대해서 이해해야 한다. 기존 생각과 달리 최근의 연구결과는 노인들의 인지기능이 저하되지 않을지도 모른다는 것을 보여 준다. 활동을 계속하고 지속적인 자극을 받는 노인들은 오히려 지능이 높아질 수도 있다.

넷째, 조절능력은 노인평생교육의 중심 이슈이다. 학습자는 미래를 역동적으로 건설한다는 전제를 하고 노인들은 어떻게 살지, 개인적 결정을 어떻게 내릴지에 관한 내적 추진력을 가지고 있다고 본다. 이것은 유아기부터 노년기까지의 개인적 진보로서 자연적이고 평범한 것으로 비록 이러한 능력이 감소하는 상황도 있겠지만 노인평생교육의 조력자는 지속적으로 노인학습자가 학습과정에서 개인의 자율성을 기를 수 있는 방법을 찾아야 한다는 것이다.

다섯째, 자아 연속성은 평생 동안 진행된다는 것이다. 인생경험은 모든 학습의 기초이며 자원이라는 이 원리는 나이가 몇 살이든 학습자의 성장 잠재성과 개성을 확인한다. 이 원칙은 개인 인생의 전체성을 인식하는 중요성에 초점을 둔다. 모든 개인은 모든 경험의 총체이다. 그의 과거로부터 개인은 현재에서의 자신을 지속적으로 재정의하면서 강점을 갖는다. 조력자는 인생의 중요한 단계를 통해 의미를 가질 수 있는 주제, 경험, 가치와 같은 것을 지원하기 위한 기회를 찾아야 할 것이다.

여섯째, 노인들은 의미 있게 연계될 필요가 있다는 것으로 개인적 사회적 맥락은 학습에 영향을 준다는 것이다. 이러한 원리는 단지 노인뿐만 아니라 모든 사람이 사회적 존재로서 필요한 것이다. 우리는 우리 자신에 대한 것뿐 아니라 자존심에 관한 것을 재정의하고 발달시킨다. 도와주는 사람은 일상 삶에서 두 원리의 중요성을 인식해야 하며 노인의 인생에 적용될 수 있어야 한다.

노인평생교육 방법과 관련하여 노인들의 특성을 이해하는 것은 노인들의 평생교육 참여를 증진시키는 데 매우 중요하다. 교육방법으로서 노인평생교육에서는 자기주도 학습과 경험학습 방법이 노인들의 특성상 대체로 많이 적용되고 있다. 자기주도 학습은 노인그룹 중에는 타인의 도움을 필요로 하는 경우도 있지만 많은 노인인구가 경제적으로나 물리적으로, 사회적으로 독립해 있다. 그러므로 이러한 성인들이 어린아이들처럼 순종적으로 학습하는 분위기로 돌아가는 것을 원하지 않는다고 보는 것이 타당하다. 그들은 자신들만의 학습목표를 세우고 싶어 하며 구체적인 결과를 원하고 자신들에게 효과적인 방법으로 학습받기를 원한다. 따라서 노인교육의 교사들과 기획자들은 학습목적과 학습내용, 교수방법 등을 논의하는 데 있어서 학습자들을 참여시킬 것을 권고받는다. 노인들도 교육기획에 자발적으로 참여함으로 학습 안에서 가치와 기쁨을 찾게 되고 그것이 충족되지 않을 땐 이탈하게 된다.

경험학습방법은 노인들은 어린이에 비해 경험도 풍부하고 다양하다. 노인에게 있어서 경험이 그 사람 자체이고 그가 겪은 경험들을 바탕으로 그만의 자기 정체성을 정립하게 된다(Knowles, 1980). 경험에는 많은 시간과 노력이 필요하므로 그의 경험이 축소화되거나 사용되지 못할 때 사람들은 인정받지 못했다는 느낌을 갖게 된다. 그렇기 때문에 학습장에서 경험과 배경의 가치가 인정을 받고 함께 나누도록 격려받으면 그 경험을 살려서 다른 일을 할 수 있게 되고 개개인의 가치를 높이며 과거의 경험을 새로 습득하게 될 지식과 연결할 수 있게 된다.

Knowles(1980)에 의하면 이런 경험적 배경은 노인 학습에 있어서 세 가지 의미를 내포한다. 첫째, 노인 학습은 경험에 근거를 둔다. 노인들은 효과적으로, 삶의 형태에 따라 원하는 교수법을 택할 수 있다. 둘째, 어린이는 앞으로 사용하게 될 지식을 배우는 것으로 만족하지만 노인들은 자신의 삶에 실질적으로 사용할 수 있는 학습을 원하기 때문에 이미 갖고 있는 지식과 새로이 습득하게 될 지식에 연관성이 있는 것을 원한다. 셋째로 노인들은 자신이 경험한 세계 안에 살고 있기 때문에 자신이 경험한 것 외에는 받아들이기 힘든 경우가 있다. 이런 경우는 경험이 득이 되기보다는 오히려 걸림돌이 될 수 있다.

2.2. 노인의 평생교육 참여

다음에서는 노인들의 평생교육 참여와 비참여를 설명할 수 있는 다양한 평생교육 참여 모형을 살펴보고 선행연구를 중심으로 평생교육에의 참여 동기와 비참여 요인에 대해 논의하고자 한다.

2.2.1. 평생교육 참여 모형

성인들의 학습참여 동기 모형은 노인들을 대상으로 하는 노인평생교육 참여 모형에 그대로 적용되고 있다(기영화, 2005; 교육인적자원개발부, 2007; Fischer, H. 2004). 다음에서는 다양한 평생교육 참여모형 가운데 노인들의 평생교육 참여 동기형성과 참여 결정, 비참여에 중요한 영향을 미치고 있는 관련 요인들을 설명할 수 있는 것을 중심으로 논의하였다.

따라서 노인평생교육 참여이론 및 관련 모형으로서 참여 동기 형성과 참여 결정 요인에 관한 참여 동기적 접근, 학습 요구적 장 이론적 접근, 기대 충족론적 접근, 자아환경 일치적 접근, 상호 연쇄론적 접근 등을 검토하고 본 연구의 노인교육 참여와 비참여자 이해를 위한 시사점을 논의하고자 한다.

2.2.1.1. Houle의 모형

성인학습자의 참여 유형을 알아보기 위한 이론적 틀을 처음으로 구축한 Houle(1961)의 성인교육 참여 동기 유형의 분류는 사실상 모든 교육 참여 연구의 기본이 되고 있다. Houle은 시카고 지역의 22명 평생교육 참여자를 인터뷰한 결과 성인학습자를 다음의 세 가지 유형으로 나누었다.

첫째, 목적 지향적(goal - oriented) 학습자로서 이들은 교육을 상당히 명확하고 뚜렷한 목표를 성취하기 위한 수단으로 여기며, 관심을 확인하거나, 요구를 실현하기 위해 계속 교육을 시작했다. 따라서 교육을 즉각적이고 실제적인 문제해결의 수단으로 간주하며 지식은 사용을 위해 존재하는 것으로 생각했다. 결과적으로 목적 지향적 학습자들은 조직적인 강의나 코스에 관심을 갖고, 기술자격증이나 졸업장 획득 등의 의도적인 목적을 지닌 학습자들이다. 평생교육의 측면에서 목적 지향적 학습자들은 학교교육을 받는 목표와 유사한 이유로 계속 교육에 참여한다. 즉, 실용주의적 기능주의적 목표를 지닌 학습자 유형이라고 생각할 수 있다.

둘째, 활동 지향적(activity-oriented) 학습자로서 이들은 학습에 큰 의미를 두지 않으며, 사회적 인간관계를 유지, 개선, 확대하려는 데 의미를 둔다. 예를 들면, 교회와 같이 성인교육기관은 사람들이 서로 만나고 우정을 갖는 개방된 장소이며, 사회적으로는 안정된 사교 장소이다. 또한, 지역사회 활동에 참여하거나, 봉사 등을 통해 자기의 시간을 사회봉사적으로 투자할 의도를 가진 사람들이다. 그러므로 이들에게 있어서의 교육은 사회관계를 통한 활동 지향성을 위한 수단이라고 볼 수 있다.

셋째, 학습 지향적(learning-oriented) 학습자로서 이들은 지식 자체에 관심을 둔다. 그들은 자신에 대한 분명한 자아개념을 지녀 자신을 학습에 몰두하는 사람으로 여긴다. 그들에게 있어서의 교육은 계속활동이라기보다는 매우 일상적인 일 중의 하나이다. 교양 지식 등을 새로이 익히려는 일 자체에 의미를 부여하고, 학습현장에 주체적이고 능동적으로 참여하는 사람들이다. 이러한 세 집단은 각각의 목적을 지니지만, 서로 별개의 상호배제적 영역은 아니다. Houle에 의하면 성인학습자의 어떠한 집단도 완전하고 특별하게 한 집단에만 속하지 않으며 이들 세 집단은 서로 중복적 관계인 것이다.

Houle의 유형론은 성인의 학습동기를 지나치게 단순화했으며, 실제의 명확하고 뚜렷한 목표를 성취하기 위한 수단으로 여기며, 관심을 확인하거나, 요구를 실현하기 위해 계속 교육을 시작했다. 따라서 교육을 즉각적이고 실제적인 문제해결의 수단으로 간주하며 지식은 사용을 위해 존재하는 것으로 생각했다. 결과적으로 목적 지향적 학습자들은 조직적인 강의나 코스에 관심을 갖고, 기술자격증이나 졸업장 획득 등의 의도적인 목적을 지닌 학습자들이다. 평생교육적 측면에서 목적 지향적 학습자들은 학교교육을 받는 목표와 유사한 이유로 계속 교육에 참여한다. 즉, 실용주의적 기능주의적 목표를 지닌 학습자 유형이라고 생각할 수 있다.

Houle 이래 여러 학자들은 다양한 방식으로 동기에 대한 유형화를 시도하고 있으나 대부분의 경우는 그들 연구의 출발점 또는 기본 전제는 Houle의 세 가지 성인학습참여 동기 유형으로 귀결된다.

2.2.1.2. Miller의 장-힘 모형

Miller(1967)는 어떻게 학습 요구가 일어나는지를 설명하기 위해 Maslow의 요구 위계론을 연결시켰다. 이 모형의 기본적인 가정은 생애 초기 단계에서 물리적인 생존, 안전 및 애정의 기본 요구를 만족시키는 데 관심을 둔다는 것이다. 사람은 나이가 들어감에 따라 학교와 직업세계를 중요시하며 중년 혹은 노년기에는 자아실현을 위해 노력한다.

Miller는 부정적 힘과 긍정적 힘 모두가 개인에게 작용하고 방향과 이들 힘의 합이 성인의 참여 동기를 결정한다는 의견을 도출해

냈다. 즉, 긍정적인 힘과 부정적인 힘 사이의 균형의 기능으로서 교육을 기술하였는데 이러한 힘들은 끊임없이 변화하는 형태를 띠며, 때로는 일방적으로 한 방향으로 작용하기도 하고 다른 곳으로 작용하기도 하는 역동적인 것이라고 하였다.

그가 제시한 모형은 장－힘 분석(field－force analysis) 학습자의 학습요구 접근 모형으로 불리고 직업교육에 참여하는 하류계층과 중하류계층에 속하는 성인학습자들의 참여 결정 요인을 비교, 분석한 것이다.

이와 같이 사회계층별 참여 결정에 작용하는 요인에는 차이가 있으며, 긍정적인 힘과 부정적인 힘 사이의 접합점이 참여 결정요인이 된다. 중하류계층은 하류계층에 비해 촉진요인이 저해요인에 비해 강하게 작용하여 참여율이 높아지는 반면, 하류계층의 경우에는 부정적 힘의 작용이 커서 참여 결정 선이 낮아져서 참여율이 떨어진다는 것이다.

2.2.1.3. Boshier의 참여일치 모형

Boshier(1973)은 성인학습자의 참여와 지속행위를 모두 설명하기 위해 일치 모형(Congruence Model)을 구안하였다. 일치 모형은 사회심리학과 조직 심리 분야 그리고 심리학자 Maslow로부터 비롯되었다. 이 모형은 성인학습자의 참여 또는 탈락의 여부가 학습자들이 자기 자신을 어떤 존재로 파악하고 있는가와 교육환경(자아와 동료학습자, 자아와 제도적 환경 등)과의 일치(conguence)와 불일치(dissonance)에 달려 있다고 설명한다. 자아와 교육환경 사이의 불일치 정도가 크면 클수록 탈락의 가능성은 높아진다. 반면에 불일치의 정도가 작으면 작을수록 참여의 가능성은 높아진다.

결정적인 환경적 심리적 변수들의 일치·불일치를 확인하는 연구가 이루어져야 함을 제시했다. 예를 들어, 제각기 다른 교육기관들 성인교육 교사들 등이 학생들이나 잠재적 학습자들에게 어떻게 인지되는가를 아는 것은 이론적으로 유익할 것이다. Boshier는 일치 모형을 기초로 뉴질랜드에서 탈락자에 대한 연구를 하였다. 이 연구에서 그는 탈락한 학생들은 네 가지 개념(다른 성인교육 학생들, 성인교육 강사, 자신, 이루고자 하는 자신)에 대한 심리학적 조사에 대해 더 높은 정도의 불일치성을 보였다(Merriam & Caffarella, 1999).

[그림 2 - 1] Boshier의 일치 모형은 학습자들이 자기 자신을 어떤 존재로 파악하고 있는가와 교육환경(자아와 동료학습자, 자아와 제도적 환경 등)과의 일치와 불일치 여부에 따라 성인학습자의 참여 또는 탈락의 여부가 결정된다는 데 주안점을 둔다. 각 유형에서 불일치 정도가 클수록 비참여나 중도탈락의 가능성이 높고, 불일치의 정도가 작을수록 참여의 가능성이 높은 것으로 설명된다. 이러한 일치나 불일치의 정도는 학습자의 학습동기 성향에 따라 결정된다. Boshier는 참여자의 내적 성향 또는 심리적 특성을 참여 동기와 관련하여 결핍 - 충족지향형 동기와 성장지향형 동기로 구분하고 있다.

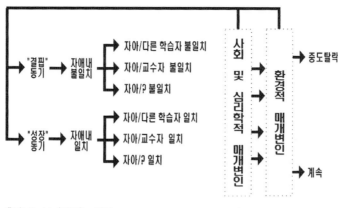

출처: Boshier(1977). p.257.

[그림 2-1] Boshier의 일치 모형

결핍-충족지향형의 경우는 현실사회의 사회경제적 요인에 의해 참여 동기가 형성되며, 보다 낮은 단계의 결핍된 요구를 충족시키기 위한 수단으로 교육에 참여하므로 결핍된 상태가 충족되면 더 이상 교육을 받으려 하지 않는다. 반면에 성장지향형의 경우는 이미 기본적인 단계의 요구는 충족된 상태로서 내적지향형이고 자발적이며 새로운 경험에 대한 자신의 개방과 결정론적 태도의 구속으로부터의 자유를 지향한다. 성장이란 끝없이 추구되는 과정을 의미하며 성장을 위해 지속적으로 교육에 참여하게 된다.

Boshier(1977)는 성인학습자의 참여와 지속 행위 모두를 설명하기 위해 일치 모형(congruence model)을 구안하였다. 이 모형은 학습자들이 자기 자신을 어떤 존재로 파악하고 있는가와 교육환경(자아와 동료학습자, 자아와 제도적 환경 등)과의 일치와 불일치 여부에 따라 성인학습자의 참여 또는 탈락의 여부가 결정된다는 데 주안점을 둔다.

각 유형에서 불일치 정도가 클수록 비참여나 중도탈락의 가능성이 높고, 불일치의 정도가 작을수록 참여의 가능성이 높은 것으로 설명된다. 이러한 일치나 불일치의 정도는 학습자의 학습동기 성향에 따라 결정된다. Boshier는 참여자의 내적 성향 또는 심리적 특성을 참여 동기와 관련하여 결핍 – 충족지향형 동기와 성장지향형 동기로 구분하고 있다.

2.2.1.4. Thompson의 참여지속 모형

Thompson(1992)은 성인학습자의 학습참여 경험을 크게 초기참여 결정단계와 참여지속단계로 나누어 설명하고 있다. 그는 대학의 학위 과정에 등록한 19명의 간호사들에게 심층면접을 실시하여 성인학습자의 대학교육 참여에 영향을 미치는 일곱 개의 주요 변인을 규정하였다. 그것은 적절한 참여시기 발견, 균형유지, 헌신, 시간배분, 다원적 역할관리, 지원, 비지원이다. Thompson은 일곱 개 개념들 간의 관계를 도식화하였고, Cross(1981)의 연쇄반응이론과 McClusky(1974)의 개념을 활용하여 2단계 모형을 해석했다.

성인학습자의 참여 과정은 1단계 '적절한 참여시기 발견'과 2단계 '균형유지'로 구분하고 있다(Thompson, 1992). '적절한 참여시기 발견'은 초기의 참여·비참여 결정을 이끌며, 이 과정에서 학습자의 참여(혹은 헌신)와 시간배분이 중요한 개념이 된다. 이 과정에서 학습자의 신념과 의구심은 학습자의 교육에 대한 헌신 정도에 영향을 미치고 이것은 시간배분에 작용한다. 시간배분은 학습자의 발달단계별 사건, 직업상의 변화, 교육기관의 장애물, 주변인의 지원 또는 비지원의 영향을 받는다. '균형유지' 단계는 이미 교육에 참여하고 있는 학습자의 참여지속 또는 중도탈락 결정과 관련된다. 성인학습자의 참여지속은 교육기관 상황과 교육기관 이외의 다른 환경과의 일치 또는 균형에 의해 결정된다고 보았다. Thompson은 McClusky의 개인의 다양한 역할 수행에 따른 부담과 역할수행을 위한 정신적, 물리적, 사회적 능력 간의 조화를 다원적 역할관리라고 보았다.

Thompson은 일반적으로 교육 참여의 결정과 참여지속 중단 여부를 결정할 때 학습자 개인에서 외부 여건으로 힘이 이동한다고 하였다. 참여지속 결정 단계에서 학습자의 다원적 역할관리 능력과 만족, 기대 등은 참여지속에 에너지를 제공하지만 교육기관과 주변인의 지원이 결여되면 다원적 역할관리가 더욱 어려워지거나 불가능하게 되어 참여중단에 이르게 된다.

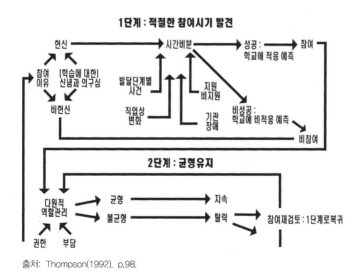

출처: Thompson(1992). p.98.

[그림 2-2] Thompson의 참여 모형

2.2.1.5. Bean & Metzner의 참여중도탈락 모형

Bean과 Metzner(1985)는 대학 내 비전통적 학생(nontraditional students)을 위한 중도탈락 모형을 개발하였다. 중도탈락 결정 요인은 학습자 배경, 학문적 특성, 환경, 사회적 통합의 네 가지로 제시되고 있다. 이러한 요인들은 직접적으로 혹은 간접적으로 교육 참여 지속과 교육 참여중단 결정에 영향을 미친다.

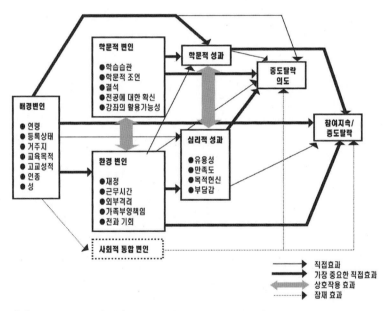

출처: Bean & Metzner(1985). p.491.

[그림 2-3] Bean & Metzner의 성인학습자 참여지속 중도탈락 모형

Bean과 Metzner는 두 가지 보상적 상호작용 효과를 가정하고 있다. 첫째는 학문적 요인과 환경 요인 간에 발생하는 보상적 상호작용 효과이다. 개인적 학습 환경이 지원적인 경우에는 대학의 학문적

인 지원이 빈약해도 학습의 참여지속이 이루어질 수 있지만, 학문적 지원은 우호적이나 환경의 지원이 빈약한 경우 지속적인 참여는 이루어지지 않을 것이라고 한다. 두 번째는 학문적 성과와 심리적 성과 간에 나타나는 보상적 상호작용 효과이다. 두 가지가 모두 높은 학습자들은 참여를 지속하지만 두 가지 모두 낮은 학습자들은 참여를 지속하지 못할 것으로 예상한다. 그러나 대학 성적이 좋아도 학습자들이 교육의 유용성을 인식하지 못하거나 부담감을 느낄 때, 교육목적에 대한 헌신도가 낮을 때, 높은 수준의 긴장감을 갖게 될 때 참여지속은 이루어지지 않을 수 있다.

2.2.1.6. Cross의 반응 연쇄 모형(Cross' COR)

Cross(1981)는 교육 참여에 영향을 미치는 일련의 요인들에 대한 반응의 결과 혹은 연쇄적인 반응(chain of response model)으로서 성인교육 참여현상을 설명하고 있다. Cross모형은 자신에 대한 평가, 교육에 대한 태도 생애 전환기 프로그램 목표의 중요성과 기대, 정보, 기회와 장애요인 등과 같은 일련의 상호 작용하는 요소들에 의하여 성인교육의 교육 참여가 결정된다고 설명하고 있다.

Cross의 반응연쇄 모형은 교육 참여와 관련된 변인들을 확인하고 그들의 상호관련성에 대한 가설을 세우고 개념적 틀을 제시하고 있다는 것이 특징이다. 그 모형은 누가 어떤 성인교육활동에 참가와 관련된 여러 이론을 조직화했다는 점에서 유용하다. Cross의 반응연쇄 모형에서 자기평가는 평생교육 참여에 이르는 연쇄반응의 출발점으로 자신의 능력에 대한 주관적인 평가, 학업에의 자신감, 자아존

중감, 성지향성과 같은 성향적 특성을 의미한다. 교육에 관한 태도란 참여자 자신의 과거 경험이나 유의미한 타자, 준거지역, 작은 집단을 통해 형성되는 것으로서 교육 참여에 대한 부정적 태도, 긍정적 태도, 무관심한 태도가 있을 수 있다. 강한 참여 요구를 가지고 반응 연쇄 모형의 시점까지 온 성인들은 그들의 동기화의 힘에 의해서 구체적인 기회들을 찾아내고 약한 저해를 극복하도록 고무될 것이다. 약하게 동기화된 성인들의 경우에는 구체적인 새로운 기회에 대한 인식이 참여를 위한 동기를 증강시킬 수 있는 반면 강한 저해는 참여를 방해할 수도 있다.

기대는 자기평가와 교육에 대한 태도와 밀접하게 연관되어 있다. 긍정적인 태도와 자기평가를 가진 사람의 참여 동기는 비교적 높게 나타난다. 생애전환은 이혼, 실직, 배우자의 죽음과 같은 극적인 삶의 변화를 말한다. 이러한 삶의 변화는 교육 참여 동기를 강화하거나 실제적인 참여 결정을 이끄는 계기가 될 수 있다(Knowles, 1980). 교육기회의 제공과 저해 등은 학습자의 교육 참여에 미치는 환경적 요인들이다. 강한 참여 동기를 가진 학습자는 저해물을 극복하고 오히려 참여기회를 획득하고자 노력하지만 약한 참여 동기를 가진 학습자는 같은 저해물이라도 더 강하게 인식하여 참여 결정에 부정적 영향을 미칠 수 있다. 정보 획득에 있어서 학습에 필요한 정보를 많이 가진 학습자는 저해를 극복하고 학습에 참여할 수 있지만 정확한 정보가 부족한 학습자는 기회를 발견하지 못하여 가능성이 낮아진다 (Cross, 1981). 학습자의 긍정적 연쇄반응이 각 단계마다 이루어질 때, 학습자 참여를 유도하게 된다. Cross는 자기평가, 교육에 대한 태도, 성과에 대한 기대 등의 개인적 차원에서의 심리분석에 초점을 둔다.

2.2.1.7. McClusky의 잉여(Margin) 이론

McClusky(1970)는 자신의 잉여 이론은 지역사회 발전에의 개입 및 성인교육에 있어서 참여와 탈락에 응용할 수 있다고 주장했다. McClusky의 사상은 심리학의 영역에서부터 비롯되지만 Lewin보다는 Thorndike, Guthrie 그리고 Hull과 좀 더 직접적인 관련이 있다. 그의 이론은 지각(perception)의 Gestalt 심리학의 혼합체라 할 수 있다. 전통적인 자극과 반응심리학으로부터 비롯되었고 혹은 개인에게 강조점을 둔다.

McClusky의 Power - Load - Margin 이론에 따르면 성인교육의 요소들은 성인이 살아감에 있어 부하(load)가 되고 성인에게 사용 가능한 힘이 부하를 견뎌 낼 수 있도록 한다. 잉여(margin)는 삶이 부하(load of living)를 지탱할 수 있는 힘 간의 비율이나 관계를 표현한다. McClusky에 따르면 부하는 개인의 최소한의 자주성을 유지하기 위한 자기 자신이나 사회로부터의 요구이고, 힘은 능력이나 소유, 지위 등과 같이 부하에 맞추어 활용할 수 있는 자원이다. 따라서 M(margin), L(load), P(power)로 할 때, M = P라는 공식이 성립된다. 또한 부하의 내적 요인으로는 자기 개념(self - concept), 목표, 개인적 기대 등이 있다. 힘의 신체적 요소에서는 힘, 체력, 에너지, 건강 등이 있고, 사회적 요소로서는 대인관계 능력이 있으며, 정신적 요소로서는 사고하고 추론하는 능력이 있으며, 경제적 요인으로는 돈, 지위, 영향력 등이 있고, 기술 요소로서는 개인이 습득해야 할 특정 기술 등이 있다.

2.2.1.8. Rubenson의 기대감-유의성 이론

기대감-유의성 이론(Expectancty-Valence Theory)은 개인적 지향일 뿐만 아니라 사회화와 구조적 차원 모두를 언급한다. 참여의 결정은 개인과 환경 안에 있는 부정적 힘과 긍정적 힘의 결합이다. 기대감(expectance)은 개인의 행동이 자기 자신에게 가져올 결과에 대한 기대로서 여기에서는 교육 상황하에서의 성공에 대한 기대감으로 구성된다. 유의성(valence)은 개인의 원하는 결과에 대한 강도로서 개인의 요구를 방영시키며 보상, 승진, 안정과 같은 긍정적 유의성으로 구분된다(Rubenson, 1997).

이 이론에서는 모든 성과가 환경과 성인교육에 참여하는 것에 대한 가치를 인식하는 개인에게 의존하므로 각 개인이 이론의 중심이다. 사람들은 이 인지를 가족, 학교, 직장을 통한 사회화로서의 발전을 이끈다. 환경의 구조적 요소들은 개인의 자기 개념에 중요한 가치관과 교육 프로그램에 대한 접근성-개인이 환경을 어떻게 보느냐에 직접적인 영향을 미친다.

2.2.1.9. Cookson의 ISSTAL 모형

Cookson(1983, 1986, 1998)은 David Horton Smith의 'ISSTAL' 모형을 채택해서 평생교육 참여를 설명하고 예측하였다. 포괄적인 평생교육 참여 이론 중 한 이론이다. 'ISSTAL'은 'Interdisciplinary (학제적), Sequential Specificity(연속적 특수성), Time Allocation (시간 배정), Life span(수명)'의 두문자어다. ISSTAL모델은 Smith 가 서로 다른 사회참여형태 예를 들어 정치참여, 매체관람, 박애주의적 구호, 이타적 원조 등을 설명하려고 개발한 모델이다. 이 모델은 인류학, 생리학, 사회학, 심리학 등의 다양한 분야에 적용할 수 있다고 Smith가 생각하는 한에 있어서 학제적이다. 연속적 특수성은 평생교육 참여가 이루어지는 맥락에서 보다 먼 요인 및 조건을 그 맥락에 보다 가까운 요인 및 조건과 연결하는 인과연쇄의 개념을 포착한다.

Cookson은 "평생교육 참여는 사회참여라는 어떤 전반적 행동유형의 일부로 개념화된다." 그리고 다른 곳에서 "평생교육 참여는 여섯 개 부류의 변인의 결합적 영향과 상호작용적 영향의 결과로 하는 개인재량 행동의 형태로 취급된다."라고 하였다. Cookson은 평생교육 참여를 '평생교육 참여에 특정한 상황에 대한 어떤 사람의 직접적인 인식과 정의를 가장 직접적인 조건으로 하는 개인재량 행동의 형태'로 보았다.

2.2.1.10. Darkenwald & Merriam 상호작용 접근 모형

Darkenwald와 Merriam(1982)은 사회적 환경적 힘, 사회 경제적 신분을 강조하였는데 이는 개인적 특징이나 태도가 중요하지 않기 때문이 아니라 이것들이 참여에 영향을 미치는지 여부에 대해 알려진 것이 없기 때문이다. 이 점에서 논의한 다른 모형보다는 Miller와 Rubenson의 모형에 더욱 유사하다. 전 성인기 요소는 학교교육에서 가족환경 특히 지능과 사회 경제적 신분(SES)으로 포부와 학업 성취도가 결정된다. 이 과정에서 준비교육과 사회회의 유형이 결정된다. 성인기 단계는 6가지 요인들로 구성된다. 각 단계별로 고·중·저의 가치를 가지고 있다. 성인기의 사회 경제적 신분은 성인기 요인들의 연쇄로 나타나며 참여의 개연성을 결정하는 데 중요한 영향을 미친다. 현재 상황에서 평생교육 참여를 격려하거나 요구하는 정도를 의미하는 학습압력은 일반적인 사회 참여, 직업상의 복잡성, 생활양식의 결과이다. 각자가 지각하는 평생교육의 가치는 Rubenson의 가치요인과 같다. 참여 자극은 작업변화나 자기표현의 요구 등의 자극인데 이들 자극은 저해가 없을 때 평생교육 참여를 자극하고 저해는 평생교육 참여를 차단한다. 이 모델의 특징은 평생교육 참여의 성인기 이전에서 찾기 때문에 후기의 성인학습 결과는 아동기 초기와 학교에서 하는 경험에 있는 것 같다고 제한하는 데 있다고 본다.

2.2.1.11. Henry와 Basile의 결정적 접근 모형

Henry(1964)와 Basile(1994)의 모형은 공식 평생교육에 참여하겠다는 성인의 결정을 설명하는 데 도움이 되는 동기부여요인과 참여방해물을 통합했다는 점에서 독특한 모형이다. 이 모델의 출발점은 인구와 연령, 성, 인종, 교육, 직업과 같은 특징이다. 작업환경개선, 새로운 사람을 만나기 혹은 주요 생활변화에 대처하기 등의 등록이유는 학습기회에 대한 정보원과 관계있다. 그러면 수강 여부 결정에서 강의의 속성, 방해물, 제도상의 명성 등 세 개의 보다 많은 요인을 고려하게 된다. 이 두 저자는 "어떤 강한 동기는 특정 강의과목의 부족이나 프로그램이나 제도에 대한 어떤 부정적인 인상에 의해 약화될지 모르는 경우가 있다. 반면, 어떤 편리한 강의가 제도상의 강한 명성과 가용성이 있으면 동기부여가 약해도 참여를 유도할 수 있다. 이 개념적 틀로 말미암아 이 복잡한 관계에 대한 실증연구를 할 수 있다."고 설명하였다. 그들이 모델을 검증한 집단은 평생교육 과정에 등록한 138명의 학습자와 강의정보를 모색했지만 등록하지 못한 180명의 비참여자였다. 그들의 연구결과에서 '동기부여와 참여 방해물의 영향을 받는 어떤 간단한 강의참여 결정'에 관련된 복잡한 문제가 확인되었다. 직업에 관심이 있고 비용을 부담해 주는 고용주가 있는 경우의 성인은 직업상의 동기가 특히 강하게 나타났다.

2.2.1.12. 논의

이상에 논의된 성인학습참여 동기 및 저해 모형들은 노인의 평생 교육 참여촉진 및 지속 과정에 대해 종합적이고 체계적인 관점을 제시해 주고 있다. 위 참여 동기 모형 이론을 살펴보면, Houle(1961) 과 여러 학자들은 다양한 방식으로 동기에 대한 유형화를 시도하였고, Miller(1967)의 사회계층별 참여 결정에 작용하는 요인에는 차이가 있으며, 긍정적인 힘과 부정적인 힘 사이의 접합점이 평생교육 참여의 결정선이 된다고 하였다. Boshier(1973)는 성인학습자의 참여 또는 탈락의 여부가 학습자들이 자기 자신을 어떤 존재로 파악하고 있는가와 교육환경 즉, 자아와 동료학습자, 자아와 제도적 환경 등과의 일치(conguence)와 불일치(dissonance)에 달려 있다고 설명하였다. 그리고 Cross(1981)는 자신에 대한 평가, 교육에 대한 태도 생애 전환기 프로그램 목표의 중요성과 기대, 정보, 기회와 장애요인 등과 같은 일련의 상호 작용하는 요소들에 의하여 성인교육의 교육 참여가 결정된다고 설명하였다.

McClusky(1970)에 따르면 평생교육은 성인이 살아감에 있어서 부하(load)가 되고 성인에게 사용 가능한 힘의 부하를 견뎌내도록 한다고 했으며, Cookson(1983, 1986)은 '평생교육 참여에 특정한 상황에 대한 어떤 사람의 인식과 정의를 가장 직접적인 조건으로 하는 개인 재량 행동의 형태'로 보았다.

Darkenwald와 Merriam(1982)은 사회적 환경적 힘과 사회 경제적 신분을 강조하였다. Darkenwald와 Merrian(1982)의 모형에서 독특한 것은 학습의 압력인데, 이는 일반적인 사회적 참여, 직업적 복잡성, 생활양식을 포함하는 이 모든 것과 함께 어떤 사람에게 학습을 하라는 다양한 강도의 압력으로 보았다.

성인학습자가 평생교육에 참여하려 할 때 물적 보상이나 승진보다는 긍정적인 생각과 부정적인 생각 사이에 부하를 받아서 고민을 하다가 평생교육 참여의 재량적 결정을 스스로 내리게 된다고 하였다. 특히 Boshier(1973)는 성인학습자가 자신에 대한 평가를 내리고, 평생교육에 대한 중요성과 기대감, 얻을 수 있는 정보, 주어진 기회 등과 같은 상호 작용하는 요소들이 평생교육 참여를 결정하게 된다고 설명하고 있는데, 이 연구에 있어서는 이러한 상호작용 요소들이 평생교육 참여 요인의 주된 동기가 된다.

또한 노인이 평생교육에 참여하였다가 중도에 포기하거나 탈락하는 경우는 강의의 특성과 방해하는 요소들이 저해요인이 될 수 있다고 하였다.

이상에서 논의한 성인학습참여 동기 모형은 성인학습의 참여 모형들을 종합해 볼 때, 성인학습자의 동기의 차이는 크게 직업 목적 혹은 사회적 관계를 지향하는 외세적, 수단적 동기와 개인적 발달 혹은 학문적 충족을 지향하는 내재적, 본질적 동기로 구분할 수 있으며, 이러한 학습자의 동기는 참여가 지속되면서 외재적인 것에서 내재적인 것으로 옮겨지는 경향이 있다. 이지혜(2000)는 자신의 질적 연구를 통해 지속적으로 교육에 참여해 온 직업인들이 성인학습자로 성장하는 과정을 탐구하면서, 학습자들이 처음에는 일자리와 더 높은 소득과 같은 외재적인 목적을 위해 참여하다가, 점차 학습 자체를 즐기는 내재적인 동기가 지배적으로 나타난다는 것을 발견하였다.

모든 모형은 개인과 개인의 환경은 상호 작용한다고 가정하였다. 이 두 요인의 상대적 중요성은 모형마다 달랐다. 즉, Boshier의 모형에서는 개인의 지향을 강조하지만 ISSTAL모형에서는 외부환경과 사회적 배경을 강조하였다. 더구나 이들 대부분의 모형은 제도적 후원을 받는 학습활동의 참여를 설명하려고 하는데 즉, 결국 이 참여는 대부분 교육자의 관심대상이다. 여기서 검토한 여덟 개의 모형 중에서 Cross의 모형만이 자기 주도 학습 활동에의 참여를 설명할 수 있는 것처럼 보인다. 참여는 개입(학습자가 학습활동에 활발하게 참여하는 정도)과 조절(학습자가 학습활동의 내용, 목표 혹은 결과를 조절하는 정도)이라고도 생각할 수 있다. 위의 서로 다른 모형이 참여 결정의 중요요인으로 집단규범, 생활변화, 학습 압력, 참여 방해물, 지적 능력 요인 등의 특징이 있다. 예를 들어 Rubenson은 구성원과 준거집단을 이용하는데 이 집단의 규범으로 교육의 유용성에 대한 구성원의 지각이 결정된다. 많은 비문해인이 문해 교육반에 가입하지 않는 이유는 그들의 문해의 필요가 상품과 서비스의 교환을 통하여 충족되고 그들이 일체되기 때문이다. Cross는 생활변화가 참여를 결정하는 중요한 요인으로 포함된다. 이 구성 재력에 대한 연구를 고려하였다. Aslanian과 Brickell(1980)은 학습자 중 83%가 그들 생활의 어떤 과거나 현재나 예상되는 변화 때문에 평생교육에 참여한다는 것을 알고 Cross 모형의 생활변화 구성요소를 상당히 지지하였다. Darkenwald와 Merriam의 모형에서 독특한 것은 학습 압력인데 이는 일반적인 사회적 참여, 직업적 복잡성, 생활양식을 포함하는데 이 모든 것과 함께 어떤 사람에게 심층학습을 하라고 다양한 강도로 압력 된다. Henry와 Basile는 처음으로 동기부여요인을 방해물과 결합하여 학습참여 결정에 대한 예측을 도와준 사람들이었다. 마지막으로 Cookson의 ISSTAL모형은 지적 능력요인을 포함하였다.

2.2.2. 평생교육 참여 동기

다음에서는 노인을 포함한 성인들의 평생교육 참여 동기와 그에 대한 선행연구를 중심으로 논의하고자 한다.

2.2.2.1. 노인평생교육 요구와 참여

노인의 교육에 대한 요구는 개인이 '일생 전체를 통한 교육에의 요구'라는 측면에서 볼 수 있다. 이에 대하여 Knowles(1975)는 누구에게나 다음과 같은 일곱 가지 개인적 및 사회적 역할을 전 생애에 걸쳐 수행하려는 동기가 있기 때문에 교육을 받고자 한다고 주장하였고 이는 노인평생교육 참여 동기에도 그대로 적용되고 있다.

첫째, 학습자로서 새로운 환경에 적응을 위하여 정보 및 지식을 흡수하려는 요구가 있다. 둘째, 주체적 자아의 확립과 삶에 대한 의미를 추구하는 존재로서 자아를 발견하고자 한다. 셋째, 타인과 잘 융합하고 어울려 지내기 위한 친구로서의 역할을 추구하고자 한다. 넷째, 사회활동에의 참여와 시민으로서 권리와 의무를 수행하려는 동기이다. 다섯째, 가족구성원으로서 가족 내에서의 역할변화에 대해 적응하려는 동기이다. 여섯째, 근로자로서 경제적 보수뿐만 아니라 노동을 통한 여가 선용과 사회적 위신의 유지의 동기, 일곱째, 의복 착용, 대화법 등에 관한 일반적 학습을 추구하고자 한다.

평생교육에 대한 노인들의 이러한 요구를 종합해 보면 노인들에게 교육의 기회를 부여해야 할 타당성은 충분히 있는 것이다. 다만 노인이 측면에 강조를 둔 교육을 희망하는가 하는 노인의 요구 진단이 선행되어야 할 것이며 이와 더불어 교육에 필요한 그들의 인지적 능력, 동기, 그리고 심리적 특성을 충분히 고려해야 할 것이다(허정무, 2000).

대부분의 참여 동기 유형에 관한 연구는 Houle의 세 가지 범주에 포함되었지만. 이기환(2003)은 시대적 상황에 따른 해석으로 정보적 동기 유형을 포함하여 네 가지 범주 유형으로 정리해 보았다. 성인의 학습참여 동기는 시간적 공간적 상황에 따라 다양하여 어느 특정 유형으로만 나타날 수 없는 것이다. 참여 동기는 다양성 속에서 <표 2-2>와 같이 몇 개의 구조화된 유형으로 설명할 수 있다.

Houle	Sheffield	Burgess	Morstian & Smart	Boshier
목표지향	- 개인적 목표지향 - 사회적 목표지향	- 개인적 목표성취동기 - 사회적 목표성취동기	- 외부적 기대 - 직업적 향상	- 가족 연대감 - 직업적 향상
활동지향	- 대외활동지향 - 대외요구충족 　활동지향	- 현상도피 동기 - 활동 참여 동기	- 사회적 관계 - 사회적 복지 - 도피/자극	- 상호이해 증진 - 사회적 관심 - 사회적 자극
학습지향	- 학습지향	- 지적 성취동기 - 종교적 목표성취동기 - 공식적 자격획득동기	- 인지적 흥미	- 교육적 준비 - 인지적 흥미
정보지향	- 대외정보지향	- 활동 참여 정보	- 사회적 정보	- 사회적 정보

출처: Houle(1961), Boshier(1977), 이기환(2003)의 연구를 본 연구자가 재구성함.

2.2.2.2. 선행연구의 평생교육 참여 동기

평생교육에 참여하는 이유는 참여 동기 연구를 통해 드러나고 있다. 평생교육의 다양한 집단을 대상으로 한 선행연구들의 결과는 본 연구의 노인평생교육 참여를 연구하는 데 많은 시사점을 주고 있어 다음에서 구체적으로 살펴보았다. 먼저 국내의 평생교육 참여에 관한 다양한 선행연구 가운데 정지선(2000), 이정표(2000), 이기환(2003), 이성욱(2004), 최돈민(2005), 한정란(2008)의 연구결과를 중심으로 참여 동기를 분석하였다(<표2-3> 참조). 이상 연구자들의 선행연구에서 사용된 평생교육 참여 동기요인 분석항목을 비교하여 보면 연구자별로 동일항목 또는 서로 다른 항목을 사용하고 있는 것으로 드러났다. 본 연구는 선행연구에서 사용된 항목들 중 인간관계에 도움(여가 선용), 배움이 좋아서, 자격증 및 수료증 취득, 교양을 쌓기 위해서(자기/소질개발), 학점 및 졸업장을 따기 위해서, 회사 내에서 개인적 직무를 위해, 전직 또는 이직에 대비하기 위해 등은 여러 연구자들이 참여 동기요인을 분석하는 데 사용하고 있음을 발견하고 본 연구 도구를 제작하는 데 반영하였다.

<표 2-3> 연구자별 참여 동기요인 분석항목 비교

참여 동기요인		정지선 (2000)	이정표 (2000)	이기환 (2003)	이성욱 (2004)	최돈민 (2005)	한정란 (2008)
양질의 정보 습득	정보지향	○			○		○
교육기관에 대한 인식을 새롭게 하기 위해	정보지향			○			
자녀교육을 위해서	학습지향			○			
배움이 좋아서	학습지향	○	○	○	○		○
교양을 쌓기 위해 (자기/소질개발)	학습지향	○			○		○
역할수행을 위한 전문지식이나 기술획득	학습지향	○					
더 많이 배우기 위해서	학습지향			○			○
건강관리를 위해서	목표지향						○
삶의 활력을 위해서	목표지향			○			○
일상생활의 스트레스 해소	목표지향	○			○		○
자격증 및 수료증 취득	목표지향				○	○	
학점 또는 졸업장을 따기 위해서	목표지향				○		
취업(좋은 직업)을 위하여	목표지향						○
회사 내에서 개인적 직무를 위해	목표지향				○	○	
직무 전환 및 승진에 따른 직무 연수	목표지향						
승진 및 사회적 지위 향상	목표지향				○		
전직 또는 이직에 대비하기 위해	목표지향		○		○		
사회봉사활동에 참여하기 위해	활동지향			○	○		○
규칙적인 생활을 위해서	활동지향						○
사교활동을 위해서	활동지향						○
사회참여를 위해서	활동지향						○
가정이나 직장 이외의 활동 참여요구	활동지향	○			○		
여가 선용	활동지향	○		○	○	○	○

출처: 정지선(2000), 이정표(2000), 이기환(2003), 이성욱(2004), 최돈민(2005), 한정란(2008)의 연구결과를 연구자가 종합 재구성한 것임.

선행연구들은 <표 2 - 3>에서 보는 바와 같이 연구자에 따라 평생교육 참여 동기요인을 다양하게 규명하고 있다. 임현민(2003)은 평생교육 참여에 영향을 미칠 생활사건 조사를 통해 일상적 삶의 경험에서 자극되는 교육 참여 동기를 규명하고, 평생교육 참여 동기 형성요인의 하나로 참여자의 경험을 규명했다. 생활사건은 연령, 성별 등 개인의 배경적 특성에 따라 다른 차이를 보였다. 개인의 성장과정에서 다르게 축적해 온 경험은 중년기 성인학습자의 개인 특성으로 나타나 평생교육 참여 동기의 유형 결정에 영향을 미치는 것으로 나타났다.

이성옥(2004)은 성인 여성들의 교육 참여 동기와 저해요인을 조사하였다. 성인 여성들의 평생교육 참여 동기는 활동 지향적 참여로 여가시간을 활용해 취미나 특기를 살리고, 일상생활에서 받게 되는 스트레스를 해소하고, 좋은 사람들을 만나 대인관계를 넓히기 위해 참여하는 것이 가장 높은 비율로 조사되었다. 평생교육 담당자들이 활동 지향적 참여 동기를 높이기 위해서는 다양하고 질적인 프로그램을 개발할 것을 제시하였다. 성인 여성의 참여에 따른 저해요인은 시간의 부족과 자녀를 돌보는 일이 가장 큰 저해요인으로 나타났다.

2.2.2.3. 평생교육 참여에 영향을 주는 개인적 요인

평생교육에 참여하는 성인학습자 개인적 특성은 인구현상이 사회생활의 관련이나 사회관계 등에 영향을 미치고 있으며 참여자의 성별, 연령, 직업, 교육 정도, 가족구성 상태 등에 따라 참여 동기에 영향을 미치고 있었다. 이와 관련된 연구로서 Johnstone과 Rivera(1965)

은 평생교육 참여에 영향을 미치는 주요 요인으로서 재정적, 시간적 요인을 들고 있으며, 연령, 교육수준, 직업, 수입을 주요 요인으로 지적하였다. OECD(1977)에서는 유럽제국 및 미국의 자료에 대한 분석을 토대로 연령, 직업, 교육수준, 수입을 평생교육 참여에 영향을 미치는 주요 요인으로 지적하고, 그중에서도 교육수준을 결정적인 요인으로 밝히고 있다. Cross(1981)는 연령을 평생교육 참여에 영향을 미치는 주요 요인으로 밝히고 있다.

기영화(1994)의 우리나라 여성을 대상으로 한 연구에서는 성별에 따른 참여 동기의 차이를 보여 주었고 1998년의 대학생들을 중심으로 한 참여연구에서는 직업을 가진 경우와 아닌 경우가 참여 동기에 영향을 주는 용인으로 드러났다. 김진화(2006)는 성, 연령, 직업, 교육수준, 결혼 여부, 거주지, 수입 그리고 종교 등이 평생교육 참여에 영향을 미치는 주요 요인으로 작용함을 밝히고 있다. Boshier와 Collins(1985)는 평생교육 참여에 영향을 미치는 주요 요인은 연령이며 평생교육 참여 집단의 평균연령은 34~35세로 나타나고 있음을 밝히고 있다. Jarvis(1985)는 평생교육 참여에 영향을 미치는 주요 요인은 연령이며 학습자의 62%를 차지하는 연령대가 22~25세이고, 65세 이상은 5.7% 미만인 것으로 나타나고 있음을 밝히고 있다. 이진안(1998)은 평생교육 참여에 영향을 미치는 주요 요인은 연령, 교육수준, 학습능력에 대한 자신감이며, 연령에 있어서는 20대의 연령층이 가장 많고, 50대 이상이 가장 낮은 것으로 나타났다. 50~60대 연령층의 경우 학습참여가 낮은 것은 교육수준, 학습능력에 대한 자신감 등 다양한 변인들이 부정적인 영향을 미치기 때문인 것으로 밝히고 있다.

Darkenwald와 Merriam(1982)은 평생교육 참여에 영향을 미치는 주요 요인은 학력이며, 평생교육 참여 집단은 주로 고졸 이상이고 비참여 집단은 대부분 고졸 미만의 저학력자인 것으로 나타나고 있음을 밝히고 있다. Lowe(1975)는 평생교육 참여에 영향을 미치는 주요 요인은 학력이며 교육수준이 높을수록 더 많이 더 나은 학습을 받기를 원하는 것으로 밝히고 있다. Trivellato(1977)는 이탈리아의 자료를 토대로 평생교육 참여에 영향을 미치는 주요 요인은 연령, 성, 교육수준 사회경제적 지위, 거주지를 들고 있다

최운실(1986)은 성인교육 유형에 따른 교육 참여 특성 분석에 있어서 평생교육 참여에 영향을 미치는 주요 요인으로 지위수준, 성, 가족부양 여부, 직업 등이 주요 요인으로 작용하고 있음을 밝히고 있다. 김진국(2003)은 동계리조트 이용자의 배경변인에 따른 참여 동기의 차이에 의하면 성별, 연령, 직업, 소득, 결혼유무가 주요 요인임을 밝히고 있다. 신현국(2001)은 지역사회복지관 사회교육 프로그램의 참여 동기와 교육만족도에 관한 연구에 있어서 평생교육 참여에 영향을 미치는 주요 요인으로 성별, 학력, 결혼유무 등이 주요 요인임을 밝히고 있다. <표 2 - 4>는 평생교육학습자의 배경적 특성이 평생교육 참여에 영향을 미치는 주요 요인에 관한 국내외 연구자들의 개념을 종합하여 정리한 것이다.

<표 2 - 4> 참여에 영향을 주는 개인 특성 비교

구분	성별	연령	학력	소득	직업	결혼유무	거주지역	사회경제적지위	가족생활형태	종교
Johnstone & Rivera		○	○	○	○					
OECD		○	○	○	○					
Cross		○								
Verner	○	○	○	○	○	○	○			○
Jarvis		○								
Darkenwald & Merriam			○							
Douglah & Moss			○							
Lowe			○							
Trivelat	○	○					○	○		
최운실					○			○	○	
김진국	○	○		○	○			○	○	
신현국			○							
박미경	○		○				○			
이정의	○	○	○	○	○	○				
한정란	○	○	○		○			○	○	○

출처: Johnstone & Rivera(1965), OECD(1977), Cross(1981), Verner(1964), Boshier & Collins(1985), Jarvis(1985), Darkenwald & Merriam(1982), Lowe(1975), Trivellato(1977), 최운실(1986), 김진국(2003), 신현국(2001), 박미경(2001), 이정의(1997), 한정란(2008)의 연구를 연구자가 종합 재구성한 것임.

본 연구에서는 주요 관련 요인으로, 앞에서 제시된 평생교육학습자의 개별적 특성에 관한 선행 연구자들이 제시하고 있는 이론을 통합 분석 정리한 결과, 주요 관련요인을 성별, 연령, 학력, 직업, 소득, 결혼 여부로 설정하였다.

이상에서 평생교육 참여 동기와 관련된 연구는 대부분 평생교육 참여에 미치는 중요한 요인이 환경적 요인이기라기보다는 내재적 요인에 기인하고 있음을 보여 주는 것으로 정리할 수 있다. 다음 <표 2-5>는 이들 연구자들의 선행연구에서 나타난 참여 동기 관련 주요 요인을 정리한 것이다.

<표 2-5> 연구자별 참여 동기 관련 주요 영향 요인

연구자	참여 동기 관련 주요 영향 요인
Houle	① 목표지향형(실용주의적, 기능주의적 목표 지향) 　- 조직적 강의나 교육코스에 관심, 기술자격증 및 졸업장 획득 목적 ② 활동지향형 　- 사회적 인간관계 유지, 개선, 확대 등의 의도적 목적 ③ 학습지향형 　- 지식 자체에 대한 관심
Rubenson	① 자신에 대한 내적 기대 ② 자신에 대한 외적 기대 ③ 개인의 경험세계 ④ 현재의 인식된 요구 ⑤ 개인의 주관적인 환경인식
Boshier	① 전문성 함양 ② 지역사회봉사 ③ 외적 기대 ④ 사회적 접촉 ⑤ 사회적 자극 ⑥ 지적 흥미
Cross	① 개인의 성향적 특성과 교육에 대한 태도 ② 참여를 통한 목적 정취 기대 ③ 생애전환 ④ 교육참여의 기회와 저해요인
Merriam & Caffarella	① 성인으로서의 합습자의 삶의 상황(학습요구): 새로운 지식, 기술, 태도의 습득 ② 사회문화적 상황: 경제적 진보, 급속도의 변화, 과학기술의 발달 ③ 기관적 상황: 사회적 형상(평생교육 지공기관의 다양화)
권두승 외	① 배움 자체의 즐거움 ② 생활을 유용하게 영위 ③ 지식이나 기술획득 자체 보람 ④ 탐구성 충족 ⑤ 보람 있는 미래의 생활 ⑥ 폭넓은 교양 함양
박미경	① 목표지향형: 당면문제 해결, 학업 및 직업적 성취, 전문성 함양, 바람직한 　부모, 배우자와 자녀의 역할 기대, 일의 효율성 증진 ② 활동지향형: 보람된 여가생활, 소속감, 봉사의 준비, 스트레스 해소, 　삶의 활력소 제공, 사회적 관계 형성, 사회적 안정 및 참여 ③ 학습지향형: 지식추구, 자기만족, 배움을 통한 지속적인 자아실현, 　학문 자체에 대한 관심
이상미	① 직업과 관련한 지식, 기술 습득 ② 학습의 즐거움 　③ 일상에서의 탈피 ④ 주위의 권유 　　⑤ 사람을 사귀기 위하여

연구자	참여 동기 관련 주요 영향 요인
최운실	① 사회적 관계형성 ② 사회적 인정 및 참여 ③ 외적 기대충족 ④ 직업적 성취 및 전문성 함양 ⑤ 현상의 변화와 발전 ⑥ 지적 호기심
이정의	① 목표지향형(실용주의적, 기능주의적 목표 지향) ② 활동지향형 ③ 학습지향형 - 지식 자체에 대한 관심
임현민	① 개인·사회 생활사건 관련 동기 ② 가족·가정 생활 관련 동기 ③ 직장생활 관련 동기 ④ 경제생활 관련 동기 ⑤ 건강생활 관련 동기
이기환	① 명시적 목표 지향형: 학습만족감, 자녀교육, 휴식 ② 활동지향형: 삶의 활력, 사회교류, 능력함양, 자원봉사, 사회봉사 ③ 학습지향형: 배움의 즐거움

출처: Houle(1961), Rubenson(1997), Bochier(1982), Cross(1979), Merriam & Caffarella(1999), 권두
승 외(1999), 박미경(2001), 최운실(1986), 이정의(1997), 임현민(2003), 이기환(2003)의 연구를 종
합하여 재구성한 것임.

평생교육에 참여하는 주된 동기들을 간단하게 줄여 보면 Houle(1961)
은 '지식 자체에 관심'이 주요 요인인 참여자들이 있다고 하였고,
Rubenson(1997)은 기대가 성인교육 참여 동기 형성의 주요 요인이
라고 보았다. Bochier(1982)는 참여 동기의 주요 요인을 전문성 함
양, 지역사회봉사, 외적 기대, 사회적 접촉, 사회적 자극, 지적 흥미
등으로 구분하였다. 이정의(1997)는 성인교육에 참여하는 평생교육
학습자의 참여 동기의 주요 요인은 직업적 동기라고 했다. 박미경
(2001)은 평생교육학습자의 참여 동기에 영향을 미치는 요인 중 배
움을 통한 지속적인 자아실현, 학문 자체에 대한 관심 등을 주요 관
련 요인으로 보았다.

최운실(1986)은 성인교육 참여 동기로 전문성 함양, 이기환(2003)

은 평생교육학습자의 참여 동기요인을 명시적 목표지향형은 학습만 족감, 자녀교육, 휴식을, 활동지향형은 삶의 활력, 사회교류, 능력 향상, 자원봉사, 사회봉사 등으로 보았다.

이러한 평생교육의 참여 동기를 보면 다양하게 분석하였는데, 그 중 직업적 동기, 지역사회봉사, 전문성 함양, 자녀교육, 사회교류, 자원봉사 등을 들 수 있겠다.

2.2.3. 평생교육 비참여

다음에서는 평생교육 참여저해요인과 평생교육에 참여하지 않는 이유를 중심으로 살펴보고 개인적 배경에 따른 영향 요인을 논의하고자 한다.

2.2.3.1. 평생교육 비참여 이유

Cross(1979)는 성인들이 직면하는 여러 가지 교육적 저해요인을 규명하는 이론적 틀을 구축하기 위해 노인평생교육 참여의 저해요인을 다음과 같은 세 가지 유형으로 분류하고 있다. 첫째, 상황적 저해(situational barriers)이다. 이것은 개인 각자의 생활사정에 의해 교육 활동이 제한되는 것을 의미하는 것으로 시간, 에너지 경비의 부족 등을 말하는 것이다. 둘째, 성향적 저해(dispositional barriers)로서 노인 스스로가 흥미가 없다든지 공부하기에 너무 늙었다고 느끼고 있는 것 등이다. 성향적 저해는 극복하는 것이 가장 어렵고 귀찮은 저해인데 그것은 오랜 세월에 걸쳐 배양된 개인의 태도에 근거하기 때문이다. 셋째, 제도적 저해(institutional barriers)는 시간표나 등록 절차가 불편한 것, 교실에 가기 힘든 것, 상담이나 학비보조가 없는 것, 노인들이 수강할 수 있는 강좌에 대해서 노인 자신의 이해가 없는 것 등을 의미하는 것이다. 제도적 저해를 극복하는 일은 결코 간단하지 않다. 노인들을 받아들이려는 교육기관이 노인이 학습하기에 편리한 시간과 장소에서 교육을 실시하는 것 말고도 교실 환경 등 많은 부분에서 학습을 방해하는 저해를 제거하도록 해야 하기 때문이다(허정무, 2000).

학습참여 저해요인이란 평생교육학습자의 교육 참여를 막아서 못하게 해치는 중요한 저해가 되는 원인을 의미하는 것으로 학습참여 저해요인은 평생교육학습자의 참여 동기의 형성 및 동기의 정도와 관련이 크다고 할 수 있다. 첫째, 상황적 저해요인은 평생교육학습자가 처한 상황, 생활환경으로부터 오는 시간적 문제, 거리와 경제적인 문제, 자녀양육, 가족이나 주위 친구들의 비협조와 같은 것이라고 밝히고 있다. 둘째, 성향적 저해요인은 평생교육학습자의 자기 자신에 관한 태도와 자아개념과 관련된 성향에 따른 문제로서 자기 자신의 능력에 대한 자신감의 부족에서 오는 갈등, 공부하기에 너무 늦었다는 망설여짐 그리고 교육요구의 정도로서 학습하는 것을 즐기지 않는 점 등이라고 밝히고 있다. 셋째, 기관 및 제도적 저해요인은 평생교육학습자의 내부의 상황이나 생각이 아닌 외부의 환경적 요인이 제도화되어있는 부분으로서, 교육기관의 위치, 교육시기, 교육 프로그램의 적절성, 교육 참여 절차상의 복잡성 등이라고 밝히고 있다.

권두승 외(1999)는 평생교육학습자의 학습참여 저해요인 연구에서 교육방법, 교육의 질 등으로 이루어진 제도적 저해요인, 자신에 대한 불신과 같은 개인의 성향적 저해요인, 그리고 교육시간, 교통문제 등과 같은 상황적 요인으로 밝히고 있다. 여기서 성향적 저해요인은 학습자 자신의 성향에 따른 문제로서 학습자 자신은 별로 인식하지 못하고 있으나 실제적으로 가장 큰 영향을 미치는 것으로 분석되고 있다. 왜냐하면 학습자 자신에게 학습참여 저해요인을 지적하도록 할 경우에는 상황적 또는 교육기관 및 프로그램에 대한 저해요인을 주로 지적하고 있으나 학습자들과의 면담을 통한 조사나 타인의 경우에 대한 응답결과를 분석하는 우회적 방법을 활용할 경우에는 이들 성향적 저해요인이 가장 큰 영향을 미치고 있는 것으로 나타나고 있기 때문이다.

2.2.3.2. 비참여에 대한 선행연구

최운실·정인순은(2001)은 미국의 비공식 학습위원회(Commission on Nontradition Study)에서 행한 국가적 조사를 통해 나온 성인들의 학습참여 관련 저해요인 조사결과에서 기관적(제도적) 요인, 성향적 요인, 상황적 요인의 세 가지 교육 참여 요인군을 추출하고 다시 24개의 세부적 항목으로 <표 2-6>과 같이 범주화하였다.

〈표 2-6〉 성인학습자들의 학습참여 저해요인

학습참여 저해요인		학습자 반응
상황적 저해요인	교육비, 책, 자녀 보호 등을 포함한 비용	53%
	충분하지 못한 시간	46%
	가정에서의 책임	32%
	직업에서의 책임	28%

학습참여 저해요인		학습자 반응
상황적인 저해요인	자녀보호의 결여	11%
	교통수단의 결여	8%
	학습 혹은 훈련장소의 결여	7%
	친구 혹은 가족이 그 생각을 좋아하지 않는 것	3%
제도적인 저해요인	모든 시간에 학교에 가는 것을 원하지 않음	35%
	프로그램을 완벽히 하는 데 요구되는 시간의 양	21%
	내가 참여할 때 과정들이 예정되어 있는 않음	16%
	신청에 관한 정보가 없음	16%
	엄격한 참여 조건들	15%
	내가 원하지 않은 과정들이 유용한 것 같음	12%
	등록하는 데 있어서 너무나 복잡한 절차	10%
	프로그램을 시작하기 위한 조건들을 충족 못함	6%
	명성이나 학위를 받을 방법이 없음	5%
성향적인 저해요인	내가 시작하기에 너무나 늦었다는 두려움	17%
	나의 능력을 신뢰할 수 없는 과거의 낮은 점수	12%
	충분하지 못한 에너지의 힘	9%
	학습이 즐겁지 않음	9%
	피곤한 학교와 수업	6%
	배우는 것 혹은 이끌어지고 있는 것이 무엇인지 알지 못함	5%
	너무나 거창한 것처럼 여겨지는 것은 망설임	3%

출처: 정인순, 최운실(2001), p.185.

김용기(1993)는 개인적 상황적 저해요인, 제도적 저해요인, 정보적 저해요인, 사회 심리적 저해요인 등 네 개의 학습참여 저해요인 군으로 추출하고 있다. 먼저, 개인적 상황적 저해요인으로 비용, 시간 부족 등의 요인과 둘째, 제도적 저해요인으로 교수내용 및 방법의 불만, 교육과정의 부적절성 등의 요인, 셋째, 정보적 저해요인으로 교육목표 달성 후 새로운 교육 프로그램을 찾지 못한 경우, 넷째, 사회 심리적 저해요인으로 신념의 부족, 개인적 관심 부족 등의 하위 변인으로 분류하고 있으며 이들 참여 저해요인은 단독변수가 아닌 복합변수로 작용하고 있음을 밝히고 있다. 박형충(2001)은 학습참여 저해요인으로 잦은 야근과 가정 및 직장에 대한 책임, 가족에 대한 책임, 학습에 대한 확신 부족, 학습에 필요한 비용 문제, 제도적 차원의 연수기회 부족 등으로 밝히고 있다.

Wilcox, Saltford, Veres(1975)는 1975년 평생교육학습자가 학습에 참여하지 못한 이유를 자신의 경우와 타인의 경우를 구분하여 응답하도록 하여 성향적 요인을 구체적으로 분석하였는데 연구결과 타인의 경우에 대해서는 학습에 대한 흥미의 부족이라는 저해요인이 26% 미만으로 나타나 현저한 대조를 보이고 있음을 밝히고 있다. 동일한 방법으로 Peterson(1978)은 타인의 경우에 대해서는 학습수행능력의 부족이 18%로 가장 높은 반면 자신의 경우는 5% 미만이 이에 해당된다고 밝히고 있다.

최운실(1986)은 성향적 저해요인이 실제에 있어서 저해요인으로 작용하고 있음을 입증해 주고 있다. 학습참여 저해요인은 참여 여부나 참여의 지속 및 탈락에 영향을 미치는 것 외에도 참여 동기의 형성 및 동기의 정도와 관련이 크며, 학습참여 저해요인이 크게 작용할 경우 참여 동기가 형성되지 않거나 미약해지기 쉬우며, 역으로 참여 동기가 강한 경우, 학습참여 저해요인을 덜 인식할 수 있기 때문이라고 밝히고 있다. 다음 <표 2 - 7>은 이들 연구자들의 선행연구를 통하여 학습참여 저해요인을 정리한 것이다.

본 연구에서는 <표 2 - 7>에서 제시한 국내외 연구자들의 선행연구를 토대로 다수의 연구자들이 주요한 요인으로 인식한 성인학습자들의 학습참여 저해요인을 성향적 저해요인, 상황적 저해요인, 제도적 저해요인, 정보적 저해요인으로 범주화하여 그 특성요인을 규명하고자 한다.

<표 2-7> 연구자별 학습참여 저해요인 분류

연구자	학습참여 저해요인
A. Carp, R. Peterson (1974)	① 상황적 저해요인: 평생교육자가 처한 상황, 생활환경으로부터 오는 상황, 시간적 문제, 거리와 경제적 문제, 자녀양육, 가족이나 친구들의 비협조 ② 성향적 저해요인: 학습자 자신의 능력 및 학습시기에 대한 자신감 부족, 학습을 즐기지 않음 ③ 기관 및 제도적 저해요인: 교육기관의 위치, 교육시기, 교육 프로그램의 적절성, 교육참여 절차상의 복잡성
A. Carp, R. Peterson (1974)	① 상황적 저해요인: 특별한 시간의 개인적 생활 맥락 ② 제도적 저해요인: 개인적 신념, 태도, 가치, 지각 ③ 성향적 저해요인: 불편한 위치, 불편한 일정
권두승 (1999)	① 제도적 저해요인: 교육방법, 교육의 질 ② 성향적 저해요인: 자신에 대한 불신 ③ 상황적 저해요인: 교육시간, 교통문제
정인순, 최운실 (1981)	① 기관적 저해요인: 교육방법, 교육의 질, 교육과정 수준, 흥미 없는 교육과정 ② 성향적 저해요인: 개인의 자존감의 부족, 학습에 대한 부정적인 시각, 주위 사람의 지원 부족 ③ 상황적 저해요인: 정기적 교육시간 부담, 전반적인 시간 없음, 교육에의 참가시간 부족, 다른 일에 더 비중을 둠, 교통문제
김용기 (1993)	① 개인적 상황적 저해요인: 비용, 시간 부족 ② 제도적 저해요인: 교수내용 및 방법의 불만, 교육과정의 부적절성 ③ 정보적 저해요인: 새로운 교육 프로그램 찾지 못함 ④ 사회심리적 저해요인: 신념의 부족, 개인적 관심 부족
박형충 (2001)	① 가정 및 직장에 대한 책임 ② 가족에 대한 책임 ③ 학습에 대한 확신 부족 ④ 학습에 필요한 비용 문제
한정란 (2008)	① 상황적 저해: 건강, 경제적 어려움, 시간 부족 ② 제도적 저해: 적합한 교육 프로그램, 교육 장소, 시간 ③ 성향적 저해: 나이 많아서, 능력부족, 배움이 싫어서 ④ 정보 저해: 어떤 프로그램이 있는지, 교육방법을 몰라서

출처: A. Carp, R. Peterson(1974), 권두승(1999), 정인순·최운실(1981), 김용기(1993), 박형충(2001), 한정란(2008)의 연구를 종합 재구성한 것임.

2.2.4. 참여와 비참여 연구의 시사점

선행연구들에서 제시하는 모형들은 내용 자체보다 이러한 모델들이 본 연구와 직접적인 상관관계 있음을 밝히기보다 노인이 평생교육에 참여와 비참여를 하게 되는 특성요인으로 참여 동기요인과 참여 저해요인 등 참여 결정을 내리는 것에 초점을 두었으며, 비참여자의 저해요인에 대해 밝힘으로써 비참여자들의 참여를 이끌고자 한다.

본 연구에서는 Houle과 Boshier가 제시한 참여 유형을 기준으로 참여 동기요인을 유형화하였다. Boshier의 동기요인은 1971년에 처음으로 유형화된 이후에 두 차례에 걸쳐 수정되었으며, 현재까지 세계적으로 널리 사용되고 있다. 따라서 이 연구에서 참여 동기요인은 사회적 관계 형성 및 친목유지를 위한 사회적 접촉유형, 심리적 위안과 스트레스 해소를 위한 사회적 자극유형, 지역사회봉사와 공동체 참여를 위한 지역사회봉사유형, 외적 기대 충족을 위한 비자발적 참여성이 강한 외부적 기대유형, 직업적 성취와 전문성 함양을 위한 직업적 진보 유형, 지적 성취와 학습의 즐거움을 찾는 인지적 흥미 유형으로 구분 범주화되었으며, 본 연구에서 노인들의 평생교육 참여 동기 유형화는 결국 이중 사회적 접촉과 사회적 자극, 지역사회봉사는 Houle의 활동지향형 외부적 기대와 직업적 진보는 Boshier의 목표지향적, 인지적 흥미는 학습지향형과 정보지향형으로 연결될 수 있다.

본 연구에서 참여 동기란 초기 목적의식(initial goal commitment)과 관련된 동기를 말하며, 지속 동기는 학습에 참여한 학습자가 한 단위의 학습을 마칠 때까지 수업을 지속하려는 동기를 말한다. 계속 동기는 한 단위의 수업을 마친 후에 동일한 학습이나 비슷한 학습에 계속해서 참여하려는 동기를 말한다(Belawati, 1998). 참여 동기가 부족하면 불참하게 되고, 지속 동기가 부족하면 수업에서 탈락하게 되며, 계속 동기가 부족하면 수업 후 더 이상 수강하지 않으려는 이탈이 발생하게 된다. 본 연구에서는 노인들의 평생교육 참여에 지속적인 참여를 위한 동기요인분석과 저해요인을 분석 및 유형화하고자 한다.

본 연구에서는 평생교육 참여 저해요인을 Cross(1981)가 제시한 상황적 저해, 제도적 저해, 성향적 저해 등으로 유형화하고자 한다.

Darkenwald와 Valentin(1985)이 제시한 여섯 가지 신뢰 부족, 코스 관련성 부족, 시간제약, 개인적 우선순위, 비용, 개인적 문제요인은 Cross(1981)의 저해요인에 포함될 수 있을 뿐 아니라 Darkenwald와 Merriam(1982)의 정보적 저해 또한 제도적 저해요인에 포함될 수 있기 때문이다.

연구자는 선행연구의 성인교육 참여 동기 및 참여저해 모델의 시사점을 토대로 하여 본 연구에서는 노인들의 평생교육 참여 동기와 비참여 이유를 발견하는 질문지 작성에 적용하였다.

노인교육 참여 동기 및 저해요인에는 개인특성 변인과 가족·준거 집단 변인 등의 요인을 포함하는 사회적 관계 형성, 사회적 인정 및 참여활동, 외적 기대 충족, 지적 호기심, 전문성 함양, 심미·여가적 취미 등으로 분류된다. 참여 동기와 참여의 결정 및 비참여에는 촉진요인과 저해요인이 작용하여 최종적으로 참여와 비참여, 참여지속과 참여포기 및 중단 등의 영향을 미치는바, 참여하는 교육의 유형에 따라 참여 내용과 참여 방법이 결정되고, 노인교육의 이상적 참여 요구와 부정적 참여 요구 인식의 차이로 인하여 노인교육의 성과가 크게 달라진다.

2.3. 노인평생교육 현황

　다음에서는 노인평생교육을 위한 시사점을 얻기 위해서 우리나라와 미국과 일본 등 외국의 노인교육현황과 프로그램을 살펴보고 현행 노인교육이 가지고 있는 문제를 논의하고자 한다.

2.3.1. 우리나라의 노인평생교육

　노인을 위한 학교에서의 평생교육은 교육과학기술부가 1978년 전국 각급 학교에 학군단위로 노인학교를 설립할 것을 목적으로 '노인교실설치요강'을 마련하면서 시작되었다. 노인교실은 지역노인들을 위하여 초등학교 학구단위로 설정되어 보건가족복지부의 지원을 받는 노인교육 프로그램이다(김영란, 2006). 노인복지법 제36조 3항(1997년 7월 개정)을 보면 노인교육은 노인에 대하여 사화활동 참여 촉구를 충족시키기 위하여 건전한 취미생활, 노인건강 유지, 소득 보장, 기타 일상생활과 관련한 학습 프로그램을 제공함을 목적으로 하는 여가시설로 60세 이상의 자를 대상으로 한다. 위하여 당시의 설치 목적은 청소년들에게 경로사상을 일깨워 주고 경노효친의 방법을 익히게 하고 노인들에게 경로당 기능을 하는 휴식처를 제공하는 데 있다. 이를 계기로 그 이전에 개설·운영되고 있던 서울평생교육원의 노인강좌, 한국성인교육협회의 노인교실, 각 사회단체에서 실시하는 노인교육 등과 함께 노인교육이 활성화되었다. 그러다가 1981년에는 한국성인교육협회가 대한노인회로 흡수되면서 학군단위로 노인회를 재조직하여 노인학교를 설치·운영토록 하였으며, 학교의 시설과 인력은 그 지역의 노인에 대한 교육을 위하여 활용되도록 권장하였다. 학교에 따라서는 그 지역사회에 사는 노인들이 자유롭게 들어와서 친교도 나누고 책을 읽을 수 있는 시설이나 도서실을 개방하기도 하고 또 월 1·2회씩 또는 주 1회씩 노인들에게 평생교육을 실시하여 학교와의 유대를 강화하기도 하였다. 학군단위 노인학교는 주로 초등학교에 설치되었으며 이에 대한 행정업무는 교육기술과학 사회교육과에서 담당하다가 이후에 보건복지가족부 소관업무로 이관되었다. 각 학군단위의 노인교실은 몇 개의 시범학교를 중심으로 학생들에 대한 전통문화 계승과 함께 많은 성과를 올리는 경우도 있었지만 대한노인회, 복지관 등 각 사회단체나 종교단체에서 운영되는 노인강좌가 확대되고 각 학교들의 인식 및 참여 부족, 정부의 지원 중단 등으로 거의 유명무실하게 된 상태이다(허정무, 2006). 노인교실은 정형화된 교육과정이 없고 학교마다 특성에 맞게 프로그램을 마련하고 있다. 교육 프로그램은 강사의 사정에 따라 달라지는 경우가 많으며, 교육 프로그램이 없는 곳도 있다.

다음 <표 2-8>에서 보는 바와 같이 우리나라 노인교실의 교과 영역별 교육내용을 보면 교양 및 상식, 취미학습, 건강관리와 안전 등이 주를 이루고 있다. 지역별 차이는 시 지역에서 산업시찰, 봉사활동 등이 군 지역에서는 영농교육, 양봉 등의 교과목이 들어 있는 점이다.

보건복지가족부의 분류에 의하면 노인복지회관이나 사회복지관 등 노인교육을 담당하는 기관은 노인복지 시설 중 여가시설에 해당된다.

노인복지회관의 설립은 정부 및 지방 자치단체의 예산을 지원받아 지방자치단체에 의해 건립된다. 운영은 지방자치단체가 직접 운영하거나 사회복지법인 또는 노인 관련 단체인 대한노인회 등에 위탁 운영된다(최지연, 2007) 노인복지회관은 노인층에 한정하여 의료서비스, 교육서비스, 문화서비스, 복지서비스 등의 특화된 서비스를 원스톱으로 한곳에서 제공하며, 2005년 말 현재 전국적으로 163개소가 설치 운영되고 있다(보건복지가족부, 2006).

프로그램 운영은 주로 노인교육 및 여가 프로그램을 운영하고 있다. 정부에서는 노인종합복지관이 사회교육사업 분야에서 노인의 정보 능력과 교양을 함양하고 취미를 개발·활성화하기 위하여 다양한 교육 프로그램을 제공할 계획을 밝히고 있다(보건복지가족부, 2009). 노인복지관의 주요 교육 프로그램은 정보화 교육, 건강교육, 외국어 교육, 예능교육 등이 실시되고 있다.

<표 2-8> 한국 노인교실의 교과영역별 교육내용

교과영역 \ 시군별	교과목	
	시지역	군지역
노인복지	노인복지, 노인문제	노인복지
건강관리와 안전	건강관리, 정신위생, 요가지도, 체육, 위생, 병리학, 공중보건, 노인병, 의학, 약학, 식품위생, 공해	건강관리, 체육, 공중보건학, 노인병, 노화방지, 위생, 교통질서
취미학습	여가 선용, 서예, 음악, 오락, 무용, 영화감상, 시조, 농악, 원예, 무도	오락, 음악, 특활, 서예, 시조
가족관계	가족관계, 노인생활, 사회학, 심리학, 누인의 역할, 가정관리	노인생활, 일반사회학
시사문제	시사문제, 충효사상, 충무공, 오늘의 좌우명, 새마을 교육, 과학기술, 도의 교육, 특강	시사문제, 시국관계, 새마을 교육, 인권운동, 오늘의 좌우명, 구제정세, 생활개선, 청소년선도
법률	가사법률, 법률, 행정, 가정의례준칙	

교과영역＼시군별	교과목	
	시지역	군지역
종교	인생과 종교, 종교, 동학	
교양 및 상식	인생과 종교, 종교, 동학, 일반교양, 역사, 정치, 경제, 사회, 문화, 윤리, 지리교육, 동서고전, 철학, 상식, 다산사상	일반교양, 윤리, 역사, 광복운동, 다산사상, 충무공, 사육신, 배달조선, 철학, 상식
사회생활	인간과 사회, 자연과 인생, 민속예술, 향토사, 인구론	
종합학습	산업시찰, 시청각교육, 봉사활동, 위안잔치, 협의회	시청각교육, 견학
영농		영농교육, 비육, 양봉

출처: 교육인적자원부 정책자료(2006), pp.145 - 167을 연구목적에 맞게 정리함.

선행연구에 의하면 각 교육기관마다 개성 없는 획일적 프로그램을 나열하고 있어 노인학습자들의 선택의 폭이 좁으므로 다양한 프로그램이 제공되어야 하며, 노인교육기관에 대한 구체적 재정적 지원의 부족은 노인교육기관의 강사를 자원봉사자 위주로 채우게 되어 노인교육 프로그램의 질적 낙후성을 면하기 어렵게 된다. 이를 해결하기 위한 노인교육기관에 대한 재정적 지원이 증대되어야 한다(나항진, 2005). 노인의 흥미와 오락 위주의 한정된 교육은 노인과 노인교육에 대한 부정적 이미지를 확대 또는 재생산할 위험이 크다고 본다. 노인교육 프로그램에 참여하는 노인의 관심이 변해야 하고 프로그램 운영자 또한 이에 대한 변화가 요구된다.

사회복지관에서 실시하고 있는 노인 여가 프로그램은 대체로 노인 사회교육을 중심으로 실시하고 있는데 노인사회교육은 노인들에 대하여 사회활동 참여요구를 충족시키기 위하여 여러 학습, 기능 프로그램의 제공을 목적으로 하는 프로그램을 운영하고 있지만 노인종합복지관을 제외한 노인복지회관에서는 대부분 현실적인 실효성이 결여되어 있는 형식적인 진행에 그치고 있음은 물론이거니와 전문성과 실효성이 결여되어 있다.

노인교육을 실시하고 있는 정부 및 민간단체나 기관은 여성단체나 여성회관, 박물관, 도서관 등 사회교육기관이 있다. 이들 여러 기관들에서 실시하고 있는 가장 특징적인 교육으로 국립중앙박물관에서 실시하는 노인대학 프로그램을 들 수 있다.

이 노인대학 프로그램은 노인들에게 우리나라 역사와 전통문화에 대한 올바른 이해와 관심을 유도하고 교양활동을 통하여 보람 있는 노후생활에 도움을 준다는 목표를 지니고 있다. 이를 구체적으로 살펴보면 국립중앙박물관 노인대학은 매주 수·금요일 오후 2시부터 3시간씩 16주간 운영되며, 60세 이상의 일반시민 200명을 교육대상으로 한다. 강사는 대학교수와 박물관 직원 및 전문가이다. 박물관 노인대학 시간표를 살펴보면 노인건강, 노인의 사회활동 및 교양강의, 영화감상, 전시실 관람 및 유적 답사 등의 현장학습, 발표회, 대화 및 만들기, 실습 등의 자치활동 등으로 구성되어 있다.

박물관 문화학교 노인 학생들은 여타의 노인학교 학생들과는 달리 교육수준이 높다는 특성을 갖고 있다. 이 외에도 1993년부터 농촌진흥청에서는 노인생활 지도사업을 통해 노인공동 부업지도, 노인교실(건강관리, 교양강좌) 운영, 생활개선부 공동생활을 실시하여 좋은 반응을 얻고 있다.

노인대학은 노인교실의 운영자 연합회 및 지회의 임직원 그리고 일선 노인 지도자의 양성을 목적으로 하는 교육기관이다. 노인대학의 목적은 노인학교의 운영자 및 산하 각 지회 지도자의 재교육을 통해 이들의 맡은 바 직무의 효율을 증가시키는 데 있다. 노인대학교육내용은 노인교실의 운영지침, 지역사회와 노인회 활동, 국내외 정세, 정부시책, 청소년 선도와 충효사상, 교양을 위한 지도 요령 등이다(윤명순, 2001; 권오태, 2001).

노인학교는 노인대학, 노인교실 등의 명칭으로 혼용되고 있지만 노인복지법에 따르면, 정식 명칭은 노인학교이다. 노인학교는 노인들에게 지역사회에서 존경받는 노인으로 품위를 향상할 수 있게 하고, 현대사회에 적응하는 능력을 배양하며, 노인 각자가 지니는 잠재능력을 개발하고 건강관리에 대한 지식을 부여함으로써 여생을 보람 있게 보낼 수 있도록 하는 것을 목적으로 한다.

일반적으로 교육기간은 6개월 이상으로 하고 주 1회 이상 교육을 실시하게 되어 있다. 노인교실 교육과정은 운영자 각자의 판단에 의해 설정되며 교육내용의 일정 기준이 없고 사회와 유리된 취미, 오락 위주의 프로그램에 치중되어 있어 일관성 있는 교육내용의 구성 및 제공의 필요성이 있다. 또한 노인교육기관의 질적 관리를 위해서 강사 섭외와 강사료 지불에 대한 부담문제가 해결되어야 할 것이며, 노인교육기관의 교육계획 수립과 운영을 위해 전문 인력으로서 노인교육기관에 평생교육사를 의무 비치하는 것이 필요하다.

대학이나 대학교의 평생교육원 및 사회교육원에 설치, 운영되고 있는 노인교육 프로그램들은 직접적으로 노인학습자를 대상으로 하는 교육과 전문가를 양성하기 위한 교육으로 구분할 수 있다. 이들 프로그램은 여타 노인교육 시설에 비하여 상대적으로 교육비가 비싸 많은 노인 학습자들이 참여하기에는 경제적인 어려움이 있다.

불교, 기독교, 천주교 등 각계의 종교기관들은 노인들을 위한 노인학교, 노인대학, 노인교실 등을 운영하는 경우가 있다. 사찰부설 노인학교, 교회부설 노인학교, 성당부설 노인학교 등으로 불리고 있다.

노인교육 프로그램을 운영하고 있는 종교기관의 숫자는 전국적으로 대략 1,000개가 넘을 것으로 예측하는데(한정란, 2006), 이렇다 할 대표기구나 연합회가 거의 없어 정확한 통계조차 없는 실정이다(나항진, 2004). 이들이 운영하는 노인학교의 교육목적은 주로 노인 선교와 교육에 중점을 두고 있으며 다른 노인단체나 사회봉사단체의 노인학교보다 교육내용이나 재정 면에서 양호한 편이나(허정무, 2006), 종교단체 소속 노인대학의 양적 성장은 현대노인의 다양한 요구를 만족시키고 삶의 질을 향상시키는 데 일조하고 있다. 그러나 방만한 운영과 단기적인 계획, 예산 확보와 집행의 어려움, 프로그램 편중, 전문가 및 교수 확보 문제들은 종교단체가 풀어야 할 과제이다(한정란, 2006).

2.3.2. 외국의 노인평생교육

우리나라보다 선진 고령화 사회를 경험하고 준비한 영국, 미국, 일본, 프랑스 등 선진 외국의 노인교육 현황을 살펴보고 그 시사점을 논의하고자 한다.

2.3.2.1. 영국

영국은 1978년에 이미 65세 이상의 노년인구가 총인구의 14.6%를 차지하는 고령사회에 들어갔다. 그리하여 1980년에 절정에 이르게 되어 1990년대 후반부터는 노년인구가 감소할 것으로 예측되고 있다.

영국의 '교육에 대한 노인의 권리'는 다음의 네 가지 계기로부터 출발한 것이다. 1970년대 중반부터 일어나기 시작한 노년층의 증가와 이에 따른 여가시간과 기회의 확대는 교육에 대한 권리를 일깨우게 한 최초의 계기가 되었다. 1950~60년대 실시되었던 퇴직 전 교육의 움직임이 두 번째 계기로 '교육과 노인들'에 대한 혁신적인 이슈를 제공하여 130개 이상의 개인과 조직체들이 참여하고 있다. 이러한 기관과 집단의 전형적인 유형으로는 1982년 이래 Bishop wearmouth 교회에 있는 Sunderland의 퇴직센터의 교육활동을 꼽을 수 있다. 이곳은 퇴직 전 준비 프로그램과 카운슬링 서비스뿐만 아니라 퇴직자들에게 자원봉사활동 또는 재취업의 기회를 제공해 주기도 한다. 영국에서 노인교육에 대한 보편적으로 통용되는 이론은 1955년부터 형성되기 시작했는데 결정적으로 Heron의 이론이 1959년 정착하기 시작하면서 지금까지 이어오고 있다. Heron이 주장하는 은퇴생활의 여섯 가지 요소는 다음과 같다. 첫째, 정신과 육체의 건강, 둘째, 생존의 단계를 넘어선 넉넉한 연금, 셋째, 적당한 주거 공간, 넷째, 마음 맞는 동반자나 이웃, 다섯째, 한 가지 이상의 취미생활, 여섯째, 삶에 대한 건설적인 철학 등 이것은 영국에서 은퇴준비 교육의 대표적 이론으로 영향을 미쳤으며 Heron이 1963년 영국을 떠날 때까지 은퇴준비교육을 성인교육의 한 파트로 포함시키기 위해 노력을 했다 (Glendening, 1985).

2.3.2.2. 미국

미국의 연방 인구센서스에 의하면 미국의 65세 이상 노인인구 수 및 비율은 1997년 33,200,000명에 12.7%이다. 2010년 13.3%, 2020년 17.5%, 2025년 20.0%. 노인복지 전달체계로서 연방정부에는 노인청, 주정부에는 노인국, 그리고 지역정부에는 지역노인기관 등이 있다(Waters & Goodman, 1990). 연방노인청은 보건사회복지부 산하기구로서 미국노인복지법에 명시된 제반 서비스의 제공 및 이의 수행을 위한 행정 처리를 담당하고 있다. 이는 정부가 임명한 노인위원에 의해 감독된다. 주정부의 노인국은 연방노인청의 하부조직으로 노인과 관련한 모든 문제에 대한 주 단위의 주무부서이다. 지역노인기관은 지역정부 수준에서 노인들의 요구와 관심사를 대변 또는 해결해 주는 공적인 기구로서 주정부가 이 기관을 지위, 감독하도록 하고 있다. 미국의 노인교육은 주로 소외계층을 위한 사회적 관심으로 시작하여 점차 전반적인 노후의 퇴직적응을 위한 문제와 역할변화의 창출에 중심을 두는 교육으로 전환되고 발전되었다. 주로 서비스 프로그램을 통하여 노인의 요구충족과 사회적 기관의 책임성을 강조하는 사회교육의 형태와 과제로 정착되고 있다. 사회교육기관프로그램의 유형 중 한 예로 미시간 대학과 시카고 대학이 개발한 '퇴직준비교육시리즈'가 있다 이 프로그램은 산업교육과 고등교육의 성격을 띠고 퇴직을 앞둔 고령 노동자들에게 도움을 주기 위해 개발된 카운슬링 프로그램과 집단학습 프로그램으로 구성되었다. 이러한 사회교육서비스의 움직임은 1971년 '노화에 대한 백악관협의회' 결과에서도 잘 나타나 있다.

Elderhostel은 1970년대에 보스턴에서 시작된 또 다른 주요 발달은 고령자들의 기숙 교육의 급속한 성장이었다(Mills, 1993). Elderhostel 프로그램을 통해, 노인들을 위한 일주일 단위의 교육, 토론 및 오락 코스가 전국의 칼리지 및 대학에서 제공되고 있다. 이 프로그램들은 급속한 성장을 거쳐 수천 명의 사람들을 학습 활동으로 이끌었고 노인들을 위한 기숙 교육의 전형적인 사례이다(Williams, 1997).

미국의 Elderhostel이나 유럽의 제3세대 대학(U3A)은 노인을 포함한 다양한 연령의 사람들에게 다양한 교육과정을 개설하여 모든 세대가 공유하는 학습의 장으로 만들어 가고 있다는 점에서 큰 의의가 있다. 특히 노인들에 대한 교육의 지원에 대한 긍정적인 분위기를 기업체 및 사회에 제시하였다는 점에서 긍정적으로 평가되고 있다.

미국성인교육협회(AEA)는 다양한 프로그램을 개발, 실천하고 있는데 이 중 미국 노인교육의 대표적인 프로그램으로 Elderhostel 프로그램을 들 수 있다. Elderhostel 프로그램의 목적은 저렴한 비용으로 여름 1달 동안 대학캠퍼스에서 대학교육의 기회를 접하게 하는 프로그램이다. 이것은 공민고등학교와 Youthhostel 프로그램의 영향을 받은 것으로 인지적 학습형태와 물리적 학습경험을 위한 노인들의 요구에 의해 개발되었다고 볼 수 있다.

1981년에 실시하였던 노화에 대한 백악관 협의회에서는 자조적(self-help) 개발프로그램에 대한 관심이 일어나게 되었다. 자조집단은 퇴직한 사람들을 위해 사회적 고립과 사회에서의 역할을 찾아가는 데 관심을 두었다. 건강유지를 위한 자조 코스(self-help course)는 대학의 퇴직한 교수를 위한 단체와 같이 특수한 유형의 모임을 가지고 있다. 대개 이들은 대학수준에서 그들의 교육을 갱신하려는 기회를 가지고자 하며, 대부분이 고도의 직업훈련을 받은 전문가들에 속한다. 이들 프로그램은 자원봉사의 역할 또는 작업장에서 사용될 수 있는 문제해결능력을 증가시키고자 하는 데 목적이 있다. 정부가 이들의 활동을 위해 직접적으로 재정적인 지원을 제공하지는 않지만 고용주나 주정부, 지역사회 조직단체가 지역사회 내에서 노인들을 원조할 교육을 개발하고 제공해 주도록 장려하고 있다.

최근에 많은 노인들이 컴퓨터를 통해 외로움을 달래고 다양한 프로그램에 참여하여 정보교환은 물론 생활변화를 일으키는 새로운 인생을 살아가고 있다 1986년에 시작되어 지금까지 4만여 명이 가입되어 있는 '시니어 인터넷'에서는 소정 연회비를 받고 컴퓨터 소프트웨어를 제공하고 있다. 또 미국 전역에 산재한 42개의 시니어네트 교육센터를 자유롭게 이용하여, 기본적인 컴퓨터 기술을 배울 수 있다. 교육센터에서건, 집에서건 시니어네트의 온라인 서비스를 이용할 수도 있다. 회원들은 데이터베이스에서 정보를 꺼내 봄으로써 관절염 지표법, 정원 가꾸기, 아이보기, 관광 안내 등에 이르기까지 다양한 주제를 놓고 의견을 교환하는 등 30개 이상의 프로그램 중 어디에도 참여할 수가 있다.

2.3.2.3. 일본

일본 총무청 통계국의 1996년 통계자료에 의하면 일본의 65세 이상 노인인구 수 및 비율은 1994년 125,034,000명으로 14.4%를 점하고 있다. 2010년 21.3%, 2020년 25.5%를 추계하고 있는 것으로 보아 장수나라이다. 노인복지법은 1963년에 제정되고 고도경제 성장에 의한 사회경제의 변화, 가족에 의한 서적 부양의 변화로 국민의 노후에 대한 관심의 증가, 1959년 국민연금법 성립에 의한 복지연금의 지급, 빈곤노인대책만이 아니라 일반노인들의 다양한 요구 등에 대한 대응을 서둘러야 할 필요성에 따라 노인복지시책을 추진하기 위해 제정되었다. 국가의 행정조직으로는 후생성에 노인보건복지국이 있고, 노인복지기획과, 노인복지진흥실, 노인보건과가 있다. 그리고 노동성, 총무청, 경제기획청 등에서 노인업무를 다루고 있고, 문부과학성에서는 공민관 사업의 일환으로 노인교육을 다루고 있다. 고령자교실 활성화 정책은 문부성이 고령자들의 사회교육을 독자적인 대상영역으로 고려하고, 그 촉진을 위한 사업으로서 전개한 것이 1973년부터 전개한 '고령자교실'이다(기영화, 2004). 문부과학성은 그 이전에 1965년부터 '고령자학급'을 개설했으나 그것은 한 현당 평균 2학급 정도의 시범적인 것이었고 보다 조직적인 착수는 고령자교실에 의해서 시작되었다. 1973년도부터 시작된 고령자교실은 "한 교실당의 인원수는 20명 이상이고, 연간학습시간은 20시간 이상이다."라는 상당히 낮은 기준이 보조기준으로 되어 있기 때문에 체계적이고 제도적인 활동이 이루어지고 있다고 말하기는 매우 어렵다. 노인클럽의 국고보조의 기준이 50명 이상이고 더욱이 노인클럽활동은 일 년 내내 항상 그리고 계획적으로 실시하는 것이고, 대체로 30명 이상의 회원이 상시 참가하는 것이라고 하는 것에 비교하면 고령자교실의 보조기준이 낮은 것을 알 수 있다

1986년 6월, 일본 내각은 다음과 같은 목표에 초점을 맞춘 대원칙을 발표했다(Thornton & Harold, 1992). 첫째, 장수하고 활동적인 사회를 지원하기 위한 사회 – 경제적 활동을 장려한다. 이를 달성하

기 위해, 관련 부서는 노년층의 지식과 경험을 활용할 수 있는 노년층 고용과 참여를 권장하고, 모든 사람이 삶을 통해 그들 각자의 능력과 창의성을 완전하게 실현할 수 있다는 희망과 더불어, 노동 인구층에는 노동, 학습, 여가 활동을 위한 폭넓은 기회를 가질 수 있도록 자유 시간을 더 많이 제공한다.

둘째, 노년층을 이해하는 장수 사회를 건설하기 위해 노력한다. 이를 달성하기 위해 관련 부서는 특히 공동체의 중요한 부분으로서의 노년층에게 안전하고 쾌적한 주거 환경을 제공하여 사회 각 구성원이 타인과의 결속을 유지할 뿐만 아니라 각자의 자율성을 유지하도록, 그리고 세대 간에 활발한 상호 작용과 상호 협력에 참가하도록 권유한다.

셋째, 노인들이 건강하고 편안하게 살 수 있는 풍요로운 장수 사회를 건설하기 위해 노력한다. 수명의 연장과 사회적 평등의 확보에 대한 필요를 고려하여, 관련 부서는 노인들이 안전하고 편안하게 삶을 즐길 수 있도록 그들을 위한 기본적인 삶의 조건을 향상시킨다(노인정책국, 국무총리사무국, 1986년).

2.3.2.4. 프랑스

프랑스에서는 노년이라는 단어 대신에 제3의 연령기 혹은 제3의 인생이라는 말을 사용한 지가 오래되었다(Brickey, 2006). 프랑스의 인구구조는 20세 미만의 연령층의 비중이 점차 감소하고 있는 데 반하여 65세 이상 인구의 비율은 증가하는 특징을 가지고 있다. 프랑스의 노인대학은 1972년 Pierre Vallsa의 발언에 의해 최초로 계획

되었으며 1973년 Toulouse대학에 의해 시작되었다. Toulouse대학에서의 노인교육은 흔히 U3A라고 불린다(Thornton & Harold, 1992).

U3A는 프랑스에서 발생한 것으로 1968년 이후 급속하게 발전해왔다. 1968년 입법에 의하면 대학들은 모두에게 개방되어야 하며, 평생교육을 위해 여러 가지 활동을 조직할 것을 명시하고 있다 1971년 법에 의하면 10명 이상의 고용인을 둔 회사는 그들 봉급의 1%를 대학과 산업체, 자원봉사단체에서의 평생교육 프로그램을 위해 지불할 것을 명시하고 있다.

U3A(University of Third Age)는 프랑스에서 1968년 이후에 빠른 속도로 생겨났다. 영국의 대학들은 성인교육에서 한 세기의 역사를 가지고 있는 반면 프랑스는 그렇지 않았다. 그러나 1968년 법령에 의해서 대학교는 누구에게나 열려서 평생교육이 가능하게 했으며 모든 관심을 충족시킬 수 있는 모습을 갖추게 되었다. 1971년의 법령은 10명 이상을 고용하는 직장은 그들 월급의 1%를 대학과 산업체 그리고 자발적인 곳에서 행해지는 평생교육에 투자해야만 한다. 이러한 분위기에서 1973년 Toulouse대학교에서 처음으로 U3A가 시작되었다. 제3연역기라는 용어는 사람의 일생이 네 단계로 구분된다는 생각에서 출발한다. 유년기와 청소년기, 직업과 소득 활동기, 일하는 곳으로부터 은퇴, 남에게 의지해야 하는 때로 나뉜다. 이때 세 번째 연령기가 강조되는데 이 세 번째 연령기를 잘 보내야만 네 번째 연령기에 적응하고 어려워하는 것들을 최소화시킬 수 있다는 것이다.

미국의 Elderhostel이나 유럽의 제3세대 대학(U3A)은 노인을 포함한 다양한 연령의 사람들에게 다양한 교육과정을 개설하여 모든 세대가 공유하는 학습의 장으로 만들어 가고 있다는 점에서 큰 의의가 있다. 특히 노인들에 대한 교육의 지원에 대한 긍정적인 분위기를 기업체 및 사회에 제시하였다는 점에서의 Elderhostel과 제4세대를 준비하는 제3세대로서의 U3A는 향후 노인교육의 발전을 위해서는 보다 활발히 전개되어야 할 영역으로 생각된다.

2.3.2.5. 캐나다

캐나다 앨버타 주정부는 정년 퇴직자를 '쓸모가 없어진 존재'가 아니라 사회에서 배출한 중요한 '사회적 자산'이라는 측면에서 노인들을 격려하고 있으며, 노인인력을 활용하기 위한 연구와 종합적 대책 수립에 노력하고 있다(Thornton & Harold, 1992).

퇴직의 의미와 새로운 생활적응 직업은 인생에 있어 최고의 가치가 부여되는 사회적 활동으로서 중요한 의미를 지닌다. 직업은 지위, 금전적 보상, 다른 사람들과의 교류를 통해 나름대로의 자아실현을 해 가는 사회적 활동이다. 그러나 퇴직을 하게 되면 이러한 자아실현의 장은 사라지고 그에 따른 사회적 자아를 위한 활동을 찾게 된다(Burnside & Schmidt, 1994). 그러나 이 새로운 사회적 적응과 실현은 쉽지가 않다. 이러한 의미에서 퇴직 전 교육 프로그램은 퇴직 후에 야기될 개인적인 변화에 대해 관심을 가지고 준비하도록 일차적인 목표를 둔다.

효율적인 노후대책 계획을 세움에 있어 주요 변인인 나이를 먹는다는 것에 대한 부정적인 개념을 긍정적으로 인식시키는 데 역점을 둔다. 이는 대부분의 사람들이 나이를 먹는 것에 대해 지나치게 부정적 자아를 갖는 데 많은 어려움이 있기 때문이다. 신체적인 노화 과정을 자연스럽게 받아들이되, 그로 인한 삶의 자아가 부정적이 되어서는 곤란하다. 따라서 퇴직 자체도 하나의 사회적 발달과정으로 인식하면서 긍정적인 방향에서 퇴직계획을 세우는 데 역점을 두어야 한다. 퇴직을 예상하면서 현실적인 감각으로 노령화 과정을 보는 태도의 형성이 중요하다.

노후에 좋은 건강을 갖기 위해서는 평소에 좋은 습관을 지녀야 함은 일반적인 상식이다. 이를 위한 몇몇 중요한 조치들로서는 평소 믿음이 가는 의사와의 관계를 두텁게 하면서 정기적인 건강진단 및 건강증진 활동에 힘써야 한다.

모든 일에 책임감을 갖고 변화하는 환경에 적응할 수 있기 위해서는 미래의 건강관리에 대해 깊고도 다양한 관심과 지식을 갖는 것 등이 요구된다. 학습목표는 참석자들에게 퇴직 후의 생활 계획 속에 무엇보다 중요한 건강요인을 적극적으로 고려하도록 도와주는 데 두고 있다.

노인 주거양식의 특성이 고려되는 과학적이고도 합리적인 주택정보와 지식을 갖추는 일이 필요하다. 이는 퇴직 시기에 가서 가족 수의 변화 및 신체적 활동의 여건에 따라 주택의 위치나 크기가 달라져야 함을 말한다. 또한 각 개인들은 주택의 필요조건 및 다른 대응책들을 마련할 수 있는 경제적 조건 등을 고려하는 준비로서도 필요한 일이다. 학습목표는 노인주택의 특수성에 관한 지식을 쌓아 가면서 바람직한 노인생활을 편리하게끔 할 수 있는 주택환경과 구조에 관심을 갖도록 도와주는 데 두고 있다(Richardson, 1993).

일반적으로 10~15년 후의 퇴직을 예상하고 구상하는 재정문제는 퇴직 후의 사회적 적응에 있어 가장 중요한 요인이다(Schiea 외, 2003). 퇴직 후 재정문제를 미리 계획하게 되면 퇴직이 다가왔을 때 재정문제로 인한 긴장을 덜 받게 되기 때문이다. 물론 어느 정도의 재정이 필요할 것인가의 문제란 예측하기 어렵다. 그러나 이 문제는 사회구조적인 경제동향과 가정적 소비요인과 얽히게 되는 것으로서 퇴직 후에는 좀처럼 자기의지나 조정이 불가능하다는 데 초점을 두어야 한다(Loverde, 2000). 이를 위해서는 평소에 경제행동의 자세를 효율적으로 취하는 노력과 함께 각종 복지관계를 보험관계와 투자 상담에 관련하여 전문가의 도움이 필요하다.

학습목표는 참석자들이 현재의 자기 재정상황을 검토한 후 퇴직 후의 재정계획을 세우기 위해 필요한 절차를 밟는 데 두고 있다. 나름대로의 시간적 여유를 얻으려 할 때 규칙적인 직장생활을 퇴직 후의 상황에다 관련시켜 고려해 볼 필요가 있다. 퇴직 후의 활동을 준비하는 현재의 시간을 효율적으로 관리하도록 노력해야 할 것이다. 학습목표는 퇴직에 앞서 노후에 희망하고 있는 직업생활이나 여가활동을 위한 시간적 계획을 미리 짜 보는 태도를 길러 주는 데 두고 있다.

노후의 원만한 인간관계의 유지, 발전을 목표로 하는 기본적인 이해와 기술이 요구된다. 지금 당장의 현실적인 이익추구나 일시적인 인간관계의 자세 등은 개선되어야 할 것이다. 학습목표는 인간관계의 유지, 발전의 필요성을 인식하고 이를 달성할 수 있는 방법을 찾도록 하는 데 두고 있다.

2.3.2.6. 덴마크

덴마크는 성인학습자들에게 비용 없이 저녁코스에 참여하여 학습의 기회를 갖도록 하는 등 성인교육의 전통이 오래된 나라이다(Hammill, 2000). 이들 프로그램들은 강의, 사회연구, 직조기술, 체육, 언어, 예술, 역사 등의 과목을 포함하고 있다. 덴마크에서 성인교육 조직자들은 노인을 가르치는 방법을 개발하기 위하여 연금대상자와 각종 기관 및 조직들과 협조하였고 1980년 중반부터는 노인들이 직접 그들 스스로 프로그램 계획단계에 참여하게 되었다. 그 한 예로 'Viborg 프로젝트'는 지방도서관에서 이루어지는 스터디 그룹으로 한 주에 한 번씩 실시되었다. 매주 수업은 노래로 시작되고, 라디오나 TV, 지방 신문에서 제기되는 흥밋거리, 관심사에 대해 논의하고 토의하는 것으로 이루어진다. 예를 들면, '나의학교'라는 프로그램은 이웃의 학교를 방문하고 접촉하여 그 학교의 학생들과 함께 학교와 교육의 방향 등에 대해서 논의하고 토의하는 프로그램이다. 이러한 방문 결과 그들은 지방의 다른 학교에서 노인집단에 제공되는 교수 기자재 등을 준비할 수 있게 된다(Pilley, 1990).

덴마크 정부는 노년층의 요구와 필요에 대해 철저하게 조사하고 그들의 삶의 질을 높일 수 있는 제안을 할 수 있는 위원회를 설립하였다. 위원회는 1979년부터 1982년까지 활동하였다. 이 기간 동안 위원회는 덴마크 노인들의 상황과 조건에 대한 조사를 담은 3개의 보고서를 제출했다. 1982년의 마지막 보고서는 미래의 노인을 위한 정책의 원칙을 확립하고 변화를 위한 일련의 구체적인 제안을 제시했다.

여기에 따르면, 노인을 위한 정책은 세 가지 원칙을 토대로 해야한다. 첫째, 수명에 대한 지속성의 개념을 창출할 것, 둘째, 노인들의 자율적 결정, 셋째, 노인들 자신의 자원을 활용할 것. 이러한 원칙들은 이전에 노인에 대한 공공기관의 노력을 특징지었던, 간호와 보살핌이라는 관습적인 태도에 근본적으로 반하는 것이다. 이러한 새로운 생각과 대비하여 위원회는 대다수의 노인들이 스스로의 삶에 대한 영향력을 원하며, 또 그것을 행사할 수 있다고 강조하였다. 공공의 지원은 자립을 장려하는 형태를 취해야 한다. 따라서 노인들에 대한 교육 및 조언과 훈련이 이 분야 전문가들의 중심적 역할이 되었고, 노인교육학이 중심적 사항이 되었다.

2.3.3. 외국 사례의 시사점

이상에서 논의한 선진외국의 노인교육 참여 프로그램들이 우리나라 노인교육 발전을 위해 시사점을 다음과 같이 발견할 수 있었다. 먼저 노인교육의 다양한 분야에서 노인들이 주체적으로 활동하도록 유도해야 한다. 미국과 프랑스에서는 동료 노인이 수업을 진행할 경우, 노인은 보다 친근감을 느끼고, 수업에 적극 참여할 수 있는 장점이 있다.

우리나라의 경우는 현실적으로 프로그램의 개발과 운영에 참여하기가 쉽지 않다. 노인교육 프로그램 운영과 개발 등에도 노인들이 주체적으로 참여하여 눈높이에 적합한 능력개발을 할 필요가 있다. 두 번째, 미국 노인교육 프로그램은 대부분의 단체에서 젊은 세대와 함께하는 교육 프로그램을 운영 중에 있다. 세대통합교육은 젊은 세대에게는 노인에 대한 부정적인 인식을 없애고, 노화에 대한 이해를 촉진하는 긍정적 효과가 기대되므로 활발하게 실시되지 않는 우리나라의 실정에서 유치원이나 일선 학교 등과 연계하여 세대통합교육을 실시하는 것이 필요하다. 세 번째, 일본의 노인교육 정책은 고령사회 대책 중 건강·복지 시스템이 아닌 학습·사회 시스템으로 분류되어 있어 평생교육 사회 형성을 위한 체제 정비와 다양한 학습기회를 제공하는 것이 주요 내용을 이루고 있다. 평생교육의 기반이 빈약한 우리나라 실정을 고려할 때 평생교육 발전을 위한 환경여건의 조성이 필요하다. 네 번째, 미국과 프랑스, 스웨덴 등 나라들과 같이, 평생교육으로서 대학, 관련 연구기관 등이 노인교육에 대한 의지와 전문성을 강화해야 한다. 그러나 미흡한 우리나라에서 노인세대가 변화하는 삶의 주체로 살아가는 데 필요한 지식과 정보를 제공할 수 있도록 대학과 연구기관, 노인평생교육 관련 기관 등이 평생교육기능을 강화해야 한다. 다섯 번째, 노인들에게 미래지향적 노인복지와 교육을 함께하는 정부의 적극적인 정책적 관심과 전문화가 필요하다. 덴마크 정부는 노년층의 요구와 필요에 대해 철저하게 조사하고 그들의 삶의 질을 높일 수 있는 제안을 할 수 있는 위원회를 설립하여 노인들에 대한 교육 및 조언과 훈련이 전문가들을 중심으로 활발하게 이루어지고 있다. 우리나라는 노인들의 평생교육에 대한 정부 기관 지원체제의 미비, 혼선 등이 미흡한 실정이다. 노인들의 평생교육 참여에 따른 개인적·환경적 특정요인을 고려하여 우리나라 실정에 적합하고 신시대의 패러다임에 적합한 노인교육의 새로운 틀을 준비하는 데 활용될 수 있을 것이다.

본 장에서는 본 연구의 대상과 연구도구 및 절차와 연구결과의 분석방법에 대해 논의하고자 한다.

3.1. 연구대상

본 연구는 노인들의 평생교육시설 프로그램 참여와 관련된 참여동기, 참여 및 비참여 이유와 개인들의 특성에 따른 차이를 분석하는 데 그 목적이 있다. 이런 연구목적을 실현하기 위해 본 연구에서는 노인평생교육시설로서 노인복지관을 선정하였다. 본 연구에서 노인복지관을 선정한 이유는 지역사회에서 노인을 대상으로 가장 활발하게 교육 프로그램을 제공하고 노인들을 학습대상으로 하고 있는 곳이기 때문이다. 전국의 노인복지관은 2008년 현재 212개소가 있다. 이 가운데 연구자가 서울시에 거주하고 있어 접근이 용이한 서울시내 8곳의 노인복지관을 선정하여 그곳을 방문하는 노인들을 대상으로 질문지를 배부하는 편의표집을 하였다. 노인평생교육 참여자와 비참여자는 질문지를 회수한 후에 그들의 응답에 따라 참여자와 비참여자가 구분되었다.

연구대상의 구분은 질문지를 회수한 후에 노인들을 대상으로 하는 평생교육 프로그램 참여 동기 분석, 현재 평생교육 프로그램에 참여하고 있지 않는 비참여 노인들을 대상으로 하는 평생교육 프로그램에의 비참여 요인을 조사하였고, 그리고 참여 노인 및 비참여 노인 모두를 대상으로 하는 평생교육 프로그램에 대한 요구를 분석하기 위해 연구대상으로 두 집단을 설정하였다.

연구대상 선정을 위한 표집은 다음과 같은 절차를 거쳐 이루어졌다. 서울시 소재 시립 또는 구립 한국노인복지관협회 소속 27개 노인(종합)복지관을 서울시를 동서남북 4구역권으로 구분하여 다시 2곳으로 세분한 다음, A 노인종합복지관을 비롯한 8개 노인(종합)복지관을 이용하는 노인들을 연구대상으로 설문조사를 실시하였다. 수집된 결과를 바탕으로 최종 분석에 사용된 연구대상은 159명이었다 (<표 3-1> 참조).

〈표 3-1〉 질문지의 배포와 최종분석 설문지 수

지역권역	설문조사 기관	조사한 설문지	최종분석 설문지	비고
강남권지역	A 노인종합복지관	40	21	
	B 노인종합복지관	40	19	
강북지역	C 노인종합복지관	40	19	
	D 노인종합복지관	40	20	

지역권역	설문조사 기관	조사한 설문지	최종분석 설문지	비고
강동지역	E 노인종합복지관	40	19	
	F 노인종합복지관	40	20	
강서지역	G 노인종합복지관	40	20	
	H 노인종합복지관	40	21	
종합	8	320	159	

연구자는 노인(종합)복지관을 직접 방문하여 준비된 설문지를 토대로 면접을 통해 설문한 다음 연구자가 대신 작성하는 방식으로 설문조사를 실시하였다. 본 연구의 표본 대상인 노인들은 설문지 응답에 익숙하지 않은 세대이며 설문조사 자체를 기피하고 있다는 공통된 특성을 보이고 있었다. 기관 측면에서 민감한 부분, 다른 노인복지관과 비교될 수 있기 때문에 기관 자체가 아예 설문조사를 하지 않는 원칙을 내규로 정한 곳도 있었다. 그렇기 때문에 노인들을 대상으로 한 대부분의 연구들이 다른 연령층을 대상으로 한 연구들에 비해 연구대상 표본 수를 확보하는 데 어려움이 컸다. 그리하여 양적 연구의 어려움 때문에 면담 혹은 질적 연구로 이를 보완하였다.

3.2. 조사 도구 및 절차

본 연구를 수행하기 위한 조사 도구는 질문지로 노인들의 평생교육 프로그램에 대한 참여의 동기 혹은 비참여의 이유와 평생교육에의 참여 촉진요인과 저해요인을 조사하기 위해 선행연구에서 사용된 질문지와 미국의 참여 동기와 저해요인에 관한 '2005 미국 성인교육 조사 프로그램(Adult Education Survey of the 2005 National Household Education Survey Program; AE-NHES: 2005) 전국조사지'를 참고로 파일럿 연구와 면담을 통한 개방질문의 응답결과를 바탕으로 제작하여 사용하였다. 총 320부의 설문지를 배부하였고 이 가운데 208부가 회수되어 약 65%의 회수율을 보였다. 회수된 설문지 가운데 49개의 결측 응답과 무성의한 응답을 제외한 159명의 응답을 최종 분석하였다. 회수된 208개의 응답자 가운데 일부만 응답하거나 동일한 번호에 응답을 체크한 응답지를 제외하였다. 연구 분석에 사용된 응답자 가운데 노인 95명이 현재 평생교육 프로그램에 참여자로 그리고 63명의 응답자가 비참여자로 구분되었다. 본 연구자는 1차 조사 후 질문지의 회수율이 낮고 부분 응답자가 많아 노인복지관의 담당자를 면담하였다. 그 결과 노인복지관을 이용하는 노인들 가운데 비문해자가 있으며, 청력과 시력의 저하로 응답에 어려움이 있음을 알고 응답률을 높일 수 있도록 연구자가 노인복지관을 직접 방문하여 설문지를 기초로 대상노인들을 개별적으로 질문지를 설문한 다음 대신 체크하는 방식으로 실시하였다.

설문지는 우리나라 노인교육에 관한 연구에 활용된 사례가 거의 없어 기존 선행연구에 신뢰도와 타당도가 검증된 미국성인교육 참여 조사에서 사용되었던 내용([부록 II] 참조)을 우리나라 내용에 맞게 수정하여 사용하였다. 수정된 내용에서는 외국 노인교육 참여 기관에서는 실시되고 있으나, 우리나라에서 실시하지 않는 기관과 프로그램 활동 명칭은 개칭하거나 생략하여 사용하였다. 또한 우리나라에서 조사된 평생교육훈련 지표들을 참고하여 이기환(2003)의 '평생교육학습자의 참여 동기와 만족도 관공서의 평생교육을 중심으로', 이성옥(2004)의 '성인 여성의 평생교육 참여 인식 연구', 최돈민, 양홍권, 이세정, 이상곤, 신혜정(2005)의 '한국 성인 평생교육 참여 실태조사' 등을 참고하여 재구성하였다. 개인적인 배경변인은 성별, 연령, 최종학력, 연간 총 가구소득, 배우자 유무, 가족 구성 형태, 수입 여부 등을 포함하였다.

질문지는 노인들의 평생교육 프로그램에 대한 참여 동기, 참여 저해요인, 교육요구를 알아보기 위해 세 가지 내용을 포함하였다. 첫째, 노인들의 평생교육 프로그램 참여 실태에 관한 질문은 노인평생교육과 그 이외의 평생교육 프로그램을 구분하여 참여 실태 파악을 위한 참여 동기, 참여기간, 교육방법, 목적달성 여부 등을 묻는 문항으로 구성하였다. 둘째, 평생교육 비참여 노인들의 비참여 이유는 평생교육 프로그램 비참여 노인들을 대상으로 하는 참여 저해요인을 묻는 문항으로 구성하였다. 셋째, 노인들의 평생교육 프로그램 요구에 관한 질문은 현재 평생교육 프로그램에 참여하고 있는 노인뿐만 아니라 참여하고 있지 않는 노인들 모두를 대상으로 하였으며, 참여 의향, 원하는 내용 분야, 교육 장소, 교육기간, 교육방법, 운영시간, 교육비 부담 등을 묻는 문항으로 구성하였다.

노인들의 평생교육 프로그램에 대한 참여 동기, 참여 저해요인, 교육요구 조사를 위한 세 가지 설문지의 문항구성 내용은 <표 3 - 2>와 같다.

〈표 3-2〉 질문지 문항 구성

영역	문항 내용	문항수
참여 동기와 학습참여경험	프로그램 참여 동기 프로그램 참여 기관 프로그램 참여 기간 참여한 프로그램 교육방법 프로그램 참여 경비 프로그램 참여 비용부담 주체 프로그램 참여 목적 실현 여부	7
참여 저해요인	프로그램 참여 저해요인 프로그램 참여 희망 여부	2
교육요구	프로그램 참여 의향 희망하는 프로그램 분야 희망하는 프로그램 교육 장소 희망하는 프로그램 교육기간 희망하는 프로그램 교육방법 희망하는 프로그램 교육방법 희망하는 프로그램 교육비 부담액	7
개인배경 특성	성 연령 최종 학력 연간 총 가구소득 배우자 유무 가족 구성 형태 수입 여부	7
총		23

조사는 예비조사와 본조사로 이루어졌다. 예비조사는 2007년 11월부터 약 2주간 실시되었다. 사전 조사요원 2명을 교육 후 선정하여 M노인종합복지관에 협조를 얻어, 사전에 설문지는 20부를 배포하여 회수하였다. 예비조사 결과 설문의 핵심 부분을 강조하고 기술적인 표현을 명료화하고, 노인들의 교육 프로그램 참여 동기 및 참여 저해요인의 답변에서 응답할 내용이 없는 경우를 위하여 '기타' 항목을 넣어 직접 기입하도록 하였다. 그리고 비참여자를 대상으로

임의로 인구통계학적 확률을 고려한 임의 표집을 하고, 사전 실시한 자료를 전문가의 의견과 동료 연구원들에게 검증을 받았다.

예비조사 결과를 토대로 완성된 설문지를 통해 본 조사를 실시하였다. 본 조사는 2008년 3월 한 달간 연구자가 노인(종합)복지관을 직접 방문하여 이루어졌다. 본 연구에서 설문조사를 실시했지만 노인들의 특성상 학력이 낮아 설문 내용을 이해할 수 없거나 그 방법을 모르는 경우 등 참여 요인 조사에 애로가 컸다. 실지 조사를 1 대 1로 읽어 주고 설명하여 조사했지만 결측치가 많았다. 이를 보완하기 위해 별도로 연구자가 노인복지관을 방문하여 질문을 읽어 주고 체크하는 방식을 겸하여 사용하였다. 설문지를 기초로 대상노인들을 개별적으로 면담 설문한 다음 대신 작성하는 방식으로 설문조사를 실시하였다.

3.3. 자료 분석 방법

본 연구에서는 노인들의 평생교육 프로그램 참여 동기와 참여자의 참여저해요인 그리고 교육요구를 조사함으로써, 노인교육참여 모델의 방향을 제시함에 중점을 두었으므로 수집된 설문조사 결과는 사회과학 통계처리프로그램(SPSS 12.0)을 사용하여 분석하였다.

본 연구에서 적용한 통계분석 방법은 연구대상의 일반적 특징을 알아보기 위해 빈도분석을 실시하였고, 설문에 응한 노인들의 평생교육 프로그램 참여 동기 및 비참여 요인, 평생교육 프로그램에 대한 교육요구가 노인들의 개인적 배경특성 변인에 따라 차이가 있는 지를 비교하기 위하여 x^2 검정(Pearson's chi‐square test)을 실시하였다. 또한 응답자들의 개인적 배경이 참여 동기와 비참여 이유에 미치는 영향을 심층적으로 분석하기 위해 이분형 로지스틱 회귀분석 (Binary Logistic Regression)을 실시하였다.

본 장은 회수된 질문지의 데이터를 분석하고 그 결과를 응답자의 특성과 참여 동기, 비참여자의 비참여 이유 및 향후 노인평생교육에 대한 교육요구를 논의하고자 한다.

4.1. 응답자의 특성

본 연구는 연구목적을 달성하기 위해 60세 이상 노인들을 대상으로 선정하였다. 노인들의 평생교육 참여 동기요인을 규명하기 위해서는 현재 노인교육 프로그램에 참여하고 있는 노인학습자 95명이 최종 분석 대상으로 선정되었다. 이와 함께, 노인들의 평생교육 참여 저해요인을 규명하기 위해서는 노인교육 프로그램에 참여한 경험이 없는 비참여 노인 65명이 분석에 포함되었다([부록 Ⅰ] 참조). 마지막으로, 노인들의 평생교육 프로그램 요구를 규명하기 위해서는 연구대상으로 선정된 평생교육 참여 노인들 95명과 비참여 노인들 65명 모두를 대상으로 선정하였다.

4.1.1. 노인평생교육 참여 응답자의 특성

노인들의 평생교육 프로그램 참여 동기를 규명하기 위해 선정된 노인들의 특성은 <표 4 - 1>과 같다.

〈표 4 - 1〉 평생교육 참여 노인들의 특성

(단위: 명, %)

구분		빈도	백분율	구분		빈도	백분율
성별	남	56	57.1	연간 총 가구소득	1,200만 원 미만	2	2.3
	여	42	42.9		1,200~2,400 만 원 미만	23	26.4
	소계	98	100.0				
연령별	만 60세 미만	2	2.2		2,400~3,600 만 원 미만	22	25.3
	만 60 ~만 69세	40	44.4		3,600~4,800 만 원 미만	30	34.5
	만 70 ~만 79세	39	43.3		4,800~6,000 만 원 미만	6	6.9
	만 80세 이상	9	10.0		6,000~7,200 만 원 미만	4	4.6
	소계	90	100.0		소계	87	100.0
최종 학력	무학	12	12.9	배우자 유무	유	45	49.4
	초등 졸	45	48.4		무	46	50.6
					소계	91	100.0
	중·고등 졸	22	23.6	가족 구성 형태	부부 혹은 독거	64	70.3
	대졸 이상	14	15.1		아들 내외와 동거	10	11.0
	소계	93	100.0				

구분		빈도	백분율	구분		빈도	백분율
수입 여부	없다	34	36.2	가족 구성 형태	자녀와 동거	14	15.4
	연금, 자녀보조	35	37.2		딸 내외와 동거	2	2.2
	임대소득	14	14.9		기타	1	1.1
	기타	11	11.7		소계	91	100.0
	소계	94	100.0				

<표 4-1>에서 보는 바와 같이, 평생교육 참여 노인들의 성별, 연령별, 최종학력별, 수입 여부별, 연간 총 가구소득별, 배우자 유무별, 가족구성 형태별 등 7개 변인에 대하여 분석하였다. 성별로는 남자 노인이 57.1%로 42.9%인 여자 노인보다 많다. 이런 결과는 본 연구가 남성과 여성을 성별에 따라 구분하지 않고 노인복지관 내에서 무작위 배포한 결과 남성 노인의 응답자가 많은 것은 남성 노인 참여자가 많음을 알 수 있다. 평생교육 참여에 관한 연구들이 일반적으로 남성의 저조한 참여를 우려하는 것과는 달리 노인의 경우 남성들의 참여가 높게 나타난 것은 특징적인 것으로 볼 수 있을 것이다.

연령별로는 만 60~69세 노인이 44.4%, 만 70~79세 노인이 43.3%로 대부분을 차지하고 있다. 최종 학력별로는 초등 졸업인 노인이 48.4%로 가장 많았고, 다음으로 중·고등 졸업(23.6%), 대졸 이상(15.1%), 무학(12.9%) 순으로 나타났다. 최종학력으로서 초등 졸 혹은 무학의 경우가 전체 응답자의 61.3%로 본 질문지에 회수율이 낮을 수밖에 없었던 이유이기도 하다.

수입 여부별로는 연금, 자녀보조가 37.2%로 가장 많았고, 다음으로 없다(36.2%), 임대소득(14.9%), 기타(11.7%)의 순으로 나타났다. 연간 총 가구소득별로는 3,600~4,800만 원 미만이 34.5%로 가장 많았고, 다음으로 1,200~2,400만 원 미만(26.4%), 2,400~3,600만 원 미만(25.3%), 4,800~6,000만 원 미만(6.9%)의 순으로 많았다.

배우자 유무별로는 배우자가 없는 노인이 50.6%, 있는 노인이 49.4%로 비슷하게 나타났다. 가족구성 형태별로는 부부 혹은 독거가 70.3%로 가장 많았고, 다음으로 자녀와 동거(15.4%), 아들 내외와 동거(11.0%), 딸 내외와 동거(2.2%)의 순으로 많았다.

4.1.2. 평생교육 비참여 응답자들의 특성

노인들의 평생교육 참여 저해요인을 규명하기 위해 선정된 노인들의 특성은 <표 4-2>와 같다.

<표 4-2> 평생교육 비참여 노인들의 특성

(단위: 명, %)

구분		빈도	백분율	구분		빈도	백분율
성별	남	26	43.3	연간 총 가구 소득	1,200만 원 미만	2	3.4
	여	34	56.7		1,200~2,400 만 원 미만	26	43.3
	소계	60	100.0				
연령별	만 60세 미만	1	1.7		2,400~3,600 만 원 미만	12	20.0
	만 60 ~만 69세	28	48.3		3,600~4,800 만 원 미만	17	28.3
	만 70 ~만 79세	20	34.5		4,800~6,000 만 원 미만	2	3.4
	만 80세 이상	9	15.5		6,000~7,200 만 원 미만	1	1.6
	소계	58	100.0		소계	60	100.0
최종 학력	무학	17	27.8	배우자 유무	유	15	25.4
	초등 졸	30	49.2		무	46	74.6

구분		빈도	백분율		구분		빈도	백분율
최종학력	중·고등 졸	13	21.4	가족구성형태	부부 혹은 독거		36	64.3
	대졸 이상	1	1.6		아들 내외와 동거		5	8.9
	소계	61	100.0					
수입여부	없다	32	52.4		자녀와 동거		14	25.0
	연금, 자녀보조	14	23.0		딸 내외와 동거		1	1.8
	임대소득	6	9.8		기타		−	0.0
	기타	9	14.8		소계		56	100.0
	소계	61	100.0					

　<표 4-2>에서 보는 바와 같이, 평생교육 비참여 노인들의 성별, 연령별, 최종학력별, 수입 여부별, 연간 총 가구소득별, 배우자 유무별, 가족구성 형태별 등 7개 변인에 대하여 분석하였다. 성별로는 여자 노인이 56.7%로 43.3%인 남자 노인보다 많다. 노인평생교육 참여 응답자의 경우는 남자가 많았으나 비참여 노인의 경우 여자가 많은 것은 최종학력과도 관계가 있는 것으로 판단된다. 여성 노인들이 경우 최종학력이 남성 노인들보다 낮아 참여에 대한 두려움이 클 것으로 추정된다.

　연령별로는 만 60~69세 노인이 48.3%, 만 70~79세 노인이 34.5%로 대부분을 차지하고 있지만 만 80세 이상 노인들도 15.5%를 차지하고 있는 것으로 나타났다. 노인평생교육 참여 노인의 경우 80세 이상의 노인이 낮은 것과 달리 비참여의 경우 15.5%를 보인 것은 80세 이상의 경우 참여가 많이 이루어지고 있지 않음을 유추하게 한다.

　최종 학력별로는 초등 졸업인 노인이 49.2%로 가장 많았고, 다음으로 무학(27.8%), 중·고등 졸업(21.4%), 대졸 이상(1.6%) 순으로 나타났다. 최종학력에 있어 참여 노인과 비참여 노인의 차이는 두드러지고 있다. 비참여 노인의 경우 무학이 12.9%인 것과 비교할 때 비참여자의 경우 무학은 두 배 이상 많은 것으로 드러나 최종학력에 차이가 있어 보인다.

수입 여부는 없다가 52.4%로 가장 많았고, 다음으로 연금, 자녀보조(23.0%), 기타(14.8%), 임대소득(9.8%) 순으로 나타났다. 연간 총 가구소득별로는 1,200~2,400만 원 미만이 43.3%로 가장 많았고, 다음으로 3,600~4,800만 원 미만(28.3%), 2,400~3,600만 원 미만(20.0%), 4,800~6,000만 원 미만(3.4%)의 순으로 많았다. 배우자 유무별로는 배우자가 없는 노인이 74.6%로 있는 노인 25.4%보다 많은 것으로 나타났다. 가족구성 형태별로는 부부 혹은 독거가 64.3%로 가장 많았고, 다음으로 자녀와 동거(25.0%), 아들 내외와 동거(8.9%), 딸 내외와 동거(1.8%)의 순으로 많았다.

이상에서 살펴본 노인평생교육 참여자와 비참여 응답자 간의 개인 배경 변인을 보면 몇 가지 특성이 드러난다. 첫째, 성별에 의한 특성이다. 참여 노인의 경우 남성이 많고 비참여 노인의 경우 여성이 많았다는 점이다. 둘째, 최종학력에 관한 것으로 참여 노인의 경우보다 비참여 노인의 경우 무학력의 수가 많았다. 셋째, 수입과 관련하여 비참여 노인들은 수입이 전혀 없는 경우 절반을 넘어서고 있어 참여 노인보다 경제적인 측면에서 어려움을 겪고 있는 것으로 드러났다.

4.2. 노인평생교육 참여 동기 및 학습경험

노인들의 평생교육 프로그램 참여 동기 및 학습에 참여했던 경험을 알아보기 위해 평생교육 프로그램에 대한 일반적 사항과 개인적 배경 특성 변인에 따른 참여를 조사하였다.

4.2.1. 노인평생교육 참여 동기

노인평생교육 참여 동기는 참여하고 있다고 응답한 노인들에게 어떤 이유로 참여하였는가를 조사한 것이다. 노인들의 평생교육 참여 동기는 참여자들에게 다중응답이 가능하도록 허용하였으며 보통 1~3개의 응답을 하였다. 응답한 내용을 분석한 결과는 <표 4-3>과 같다.

〈표 4-3〉 노인의 평생교육 프로그램 참여 동기(복수응답)

참여 동기	빈도수	구성비(%)
인간관계에 도움	47	16.4
가정이나 직장 이외의 활동 참여	8	2.8
일상생활의 스트레스 해소	44	15.4
퇴직 후의 삶을 뭔가 다르게 살기 위해	13	4.5
새로운 친구를 사귀거나, 인적 네트워크 형성을 위헤	25	8.7
취미 여가활동 또는 사회봉사활동에 참여하기 위해	15	5.2
자격증, 학위 또는 졸업장을 취득하기 위해	-	-
배움이 좋아 더 많이 배우기 위해서	20	7.0
자기계발을 위해	27	9.4
자녀교육을 위해서	-	-
역할수행을 위한 전문지식이나 기술획득을 위해서	4	1.4

참여 동기	빈도수	구성비(%)
삶의 활력을 위해서	40	14.0
양질의 정보 습득을 위해서	8	2.8
적당한 일감이 없어 소일거리로	25	8.7
교양을 쌓기 위해	10	3.5
기타	–	–
소계	286*	100.0

* 응답자 수는 90명이나 다중응답으로 총 응답 수는 286개임.

<표 4－3>에서 보는 바와 같이, 노인들의 평생교육 프로그램 참여 동기는 인간관계에 도움이 16.4%로 가장 높았으며, 일상생활의 스트레스 해소를 위해(15.4%), 삶의 활력을 위해(14.0%)의 순으로 나타났다. 노인은 신체적·사회적·심리적으로 많은 변화를 겪고 있고 소외감을 느끼는 시기이기 때문에 평생교육 프로그램 참여를 통해 인간관계를 넓히고 또래들과의 교제를 위한 목적이 가장 높은 것으로 볼 수 있다. 또한 노년기에 겪는 스트레스를 극복하고 삶의 활력을 위한 목적으로 참여가 일어나는 것으로 나타났다. 이런 결과는 유혜엽(2008)의 노인학습자의 평생교육 참여 요인에 관한 연구에서 노인학습자의 평생교육 참여 요인은 이성 친구를 만나고, 시간을 함께 보낼 동료와의 만남과 세대 차이를 극복 등의 인간관계 형성을 통한 사회 참여 활동을 위한 것이라는 연구결과와 유사한 결과를 보이고 있다.

이 같은 결과로 보면 큰 비중으로 차지하는 평생교육 참여 동기를 보면 스트레스 해소가 현대생활을 하는 대도시 노인들에게는 '새로운 지식과 정보를 얻고 알기 위해서' 참여한다는 이유보다 더 큰 참여 동기가 될 것으로 보인다. 그러나 전체적으로 볼 때 노인의

평생교육 프로그램 참여의 가장 큰 동기는 인간관계에 도움인 것으로 보인다.

Cratty(1983)는 '동기란 어떤 사람이 어떤 행동을 선택해서 지속적으로 실시하며, 선택한 행동을 잘할 수 있는 하는 힘'이라고 하였다. 모든 행동과 행위는 목적 없이 수반되지 않으며, 개체의 행동은 언제나 일정한 목표를 추구하게 된다. 따라서 동기란 행동을 취하게 하는 준비 태세이며, 이러한 상태하에서 개체로 하여금 목표에 도달할 수 있게 하는 에너지원이라고 할 수 있다. 이런 차원에서 본다면 본 연구의 결과 노인평생교육 참여자들의 참여 동기는 향후 노인평생교육 프로그램의 개발이나 운영 면에 적극 반영되어야 할 것이다.

연구결과에서와 같이 노인들이 평생교육에 참여하는 것은 지식이나 정보의 획득이나 자격증 취득 등의 목적지향성보다 오히려 활동지향적인 측면이 강한 것을 보면, 노인들의 평생교육은 활동 중심으로 이루어져 함을 알 수 있다. Houle(1961)의 연구에 의하면, 평생교육에 참여하는 모든 성인은 정도의 차이는 있을지라도 누구나 학습을 통해 성취하고자 하는 이유와 목적을 지니고 있을 것이며, 이들 학습 지향적 동기를 갖고 있다. 그러나 본 연구의 결과 노인평생교육 참여자들은 활동지향적인 것으로 드러났다. Houle이 논의한 바와 같이 본 연구의 노인평생교육 활동 지향적 참여자들은 교육기관을 사람들이 서로 만나고 우정을 갖는 개방된 장소이며 사회적으로는 안정된 사교장소로 인식하며 교육은 고독을 피하기 위한 수단으로서 '사회적 인간관계 유지, 개선, 확대'라는 의도적 목적을 지닌 참여자들로 나타났다.

이런 본 연구의 결과는 국내의 다른 연구들과 다르게 나타났다.

최운실(1986)은 성인교육 참여 동기는 사회적 관계형성, 사회적 인정 및 참여, 외적 기대충족, 직업적 성취 및 전문성 함양, 현상의 변화와 발전, 지적 호기심을 주요 요인으로 분류하였다. 임현민(2003)은 성인교육참여에 영향을 미친 생활사건조사를 통해 일상적인 삶의 경험이 참여 동기 형성의 중요한 요인이 됨을 밝혔다. 성인교육참여에 영향을 미친 것으로 개인 사회 관련 생활사건이 가장 높게 나타났고, 그 다음은 가족 가정 관련 생활사건, 직장 관련 생활사건, 경제 관련 생활사건, 건강 관련 생활사건 순으로 나타났다. 이기환(2003)은 평생교육학습자의 참여 동기요인을 명시적 목표지향은 학습만족감, 자녀교육, 휴식을, 활동지향형은 삶의 활력, 사회교류, 능력 향양, 자원봉사, 사회봉사 등을, 학습지향형은 관공서 인식, 배움의 즐거움을 주요 요인으로 밝혔다. 미국국립교육통계센터(NCES: The National Center for Education Statistics)의 1984년 연구에서는 참여자의 64%가 사회교육참여의 가장 주요한 요인으로서 새로운 직업을 구하거나 직업에서의 승진을 밝히고 있는 것과는 상이한 것이다. 권두승 외(1999)는 평생교육자의 평생교육 참여 동기의 주요 요인은 배움 자체의 즐거움, 생활을 유용하게 보내려고, 지식이나 기술 획득 자체 보람, 탐구성 충족, 미래의 인생을 보람 있게, 폭넓은 교양을 쌓고 싶어서 등의 동기요인이 가장 높게 나타나고 있다.

물론 연구대상에 있어서 노인이 아닌 여성이나 일반 성인을 대상으로 하고 있지만 노인을 대상으로 한 본 연구에서 특히 활동지향성이 높은 것은 향우 노인평생교육 참여 연구에 시사하는 바가 크다 하겠다.

노인들의 평생교육 참여 동기를 개인적 배경 변인별로 비교한 결과 학력과, 소득, 직업, 연령, 성별은 별다른 영향을 미치지 않았으며 가족구성 형태는 개인의 참여 동기에 유의미한 차이를 드러냈다(<표 4-4> 참조).

<표 4-4> 참여 동기와 개인변인

요인	특성	카이제곱	자유도	유의미도
참여 동기	성	9.802	10	.458
	연령	23.521	30	.798
	학력	47.697	36	.092
	소득	52.589	50	.374
	배우자	17.526	12	.131
	가족구성	58.718	24	.000***
	직업	56.227	248	.194

* p<.05, ** p<.01, *** p<.001

<표 4-4>에서 보는 바와 같이, 응답자의 개인적 배경 변인에 따른 노인복지관의 평생교육 프로그램 참여 동기에 대한 분석결과 참여 동기는 '가족구성원의 형태(p = .000)'에 따른 유의미한 차이가 나타났으며, 성별과 연령별, 최종학력, 연간 총 가구소득, 배우자의 유무, 수입 여부에 따른 평생교육 참여 동기는 차이가 없는 것으로 나타났다([부록 I] 참조).

가족구성원의 형태 중 부부 혹은 독거의 노인들이 평생교육 참여 동기가 높았으며, 이것은 노년에 부부의 여가 선용을 보내기 위해 평생교육에 참여하는 동기가 높게 나타났기 때문이고, 독거의 가족 형태의 노인들은 자신의 외로움을 극복하고 새로운 인간관계 형성을 위해 평생교육에 참여하게 되는 것으로 보인다.

위와 같은 결과를 보면 가족구성에 따른 평생교육 프로그램에의 참여 동기는 인간관계에 도움(26.1%)과 삶의 활력(22.7%)을 주기 때문인 것으로 보인다. 네트워크 형성 그리고 가족구성 형태에서 아들 내외와 동거하는 경우는 자기계발(36.4%)을 위한 것으로 보이고, 임대소득이 있는 경우는 인간관계 도움(21.4%)과 배움 만족(21.4%)을 위한 것이 참여 동기로 보인다.

4.2.2. 노인평생교육 학습참여 경험

노인평생교육 학습경험은 응답자들이 지금까지 참여하였던 평생교육에 관한 경험이었다. 구체적으로 노인들이 어떤 평생교육기관에 참여하고 교육 프로그램의 교육방법과 교육내용, 교육기간, 수강료와 수강료 부담주체 등에 관한 것을 포함하고 있다.

4.2.2.1. 참여 기관

노인평생교육에 참여경험이 있는 응답자들이 어떤 종류의 기관에 참여하였는가를 조사하기 위해 공공기관에서 운영하는 것과 비영리단체, 노인교육전문기관을 중심으로 응답할 수 있도록 하였다. 응답자들은 노인복지관이 가장 많은 응답을 보였으며, 이어서 주민자치센터 혹은 주민자치문화회관인 것으로 드러났다. 노인들의 평생교육 프로그램 참여 기관에 대한 응답 결과는 다음 <표 4-5>와 같다.

<표 4-5> 평생교육 프로그램 참여 기관(복수응답)

참여 기관	빈도수(명)	구성비(%)
공공기관	2	1.5
현직교육(OJT)	-	-
공공 교육시설	4	3.0
민간교육전문기관	4	3.0
비영리단체(노동조합, 협회)	1	.7
학교 또는 대학	4	3.0
온라인	-	-
종교기관	2	1.5
노인복지관	83	61.5
노인교실	4	3.0
백화점 문화센터	7	5.2
주민자치 문화센터	23	17.0
노인대학	-	-
노인학교	1	.7
시민단체	-	-
기타	-	-
소계	135	100.0

<표 4-5>에서 보는 바와 같이, 노인들의 평생교육 프로그램 참여 기관은 대부분 노인복지관으로 응답자의 61.5%를 차지하였다. 그 다음으로는 동사무소 문화센터 17.0%, 백화점 문화센터 5.2%로 나타났다.

본 연구에서 응답자들이 노인복지관을 가장 많은 학습경험이 있었던 교육기관으로 응답한 것은 본 연구의 질문지가 노인복지관에서 표집되었기 때문일 것이라는 해석도 가능할 것이지만, 이런 결과는 다른 연구를 통해서도 가장 노인들이 많이 이용하는 교육기관으로 드러나고 있다. 김종남(2008)의 연구에 따르면 노인복지관이 전체 73.5%로 노인들이 선정한 노인교육의 적합한 기관이라고 한 결과처

럼 실제 노인의 평생교육 프로그램 참여 기관은 복지관이 높게 나타났다.

노인평생교육 학습경험이 있었던 교육기관으로 노인복지관(61.5%), 주민자치센터(17.0%)가 높게 나타난 것은 시사하는 바가 크다. 이들 교육기관은 정부나 지방자치단체가 운영주체로서 실제 노인들이 수강료를 지불하고 않고 등록하여 교육받을 수 있는 기관들이기 때문이다. 다시 말하자면 노인들이 평생교육에 참여할 때 다른 교육기관들보다 경제적인 부담이 적고 지역사회에 위치한 교육기관들을 많이 이용한 것으로 보인다. 이와는 달리 응답자들은 시민단체나 온라인 교육 프로그램이나 직무교육기관에는 전혀 참여 경험이 없는 것을 볼 수 있다. 이는 노인들이 다른 세대들과 함께 프로그램에 참여하여야 하거나 지리적으로 먼 곳에는 참여가 부담이 되고 있음을 드러내는 것이라 하겠다. 온라인 교육의 경우는 지리적인 여건에 관계없이 할 수 있겠지만 이것도 집에 온라인 교육을 받을 수 있는 시설이 갖추어져야 하고 노인들이 컴퓨터를 다루는 것이 어느 정도 숙달되어 있어야 가능한 것으로 참여가 저조할 수밖에 없는 이유라 할 수 있겠다. 이런 결과는 향후 노인들의 평생교육을 위탁하거나 노인들을 대상으로 하는 교육을 실시하고자 할 때 반영되어야 할 것이다.

4.2.2.2. 노인평생교육 참여 기간

노인평생교육 참여자들이 경험한 학습기간은 1개월에서 3개월 사이가 가장 높았다. 그리고 3개월에서 6개월 사이였으며 1주일 미만이 가장 적은 것으로 나타났다. 노인들의 평생교육 프로그램 참여

기간에 대한 응답 결과는 다음 <표 4 – 6>과 같다.

〈표 4 – 6〉 노인들의 평생교육 프로그램 참여 기간에 대한 응답 결과

구분		빈도	퍼센트	유효 퍼센트	누적 퍼센트
유효	1주 미만	2	1.3	2.2	2.2
	1주~1개월	8	5.0	8.7	10.9
	1개월~3개월	50	31.4	54.3	65.2
	3개월~6개월	14	8.8	15.2	80.4
	6개월~12개월	7	4.4	7.6	88.0
	12개월 이상	11	6.9	12.0	100.0
	합계	92	57.9	100.0	
결측	시스템 결측 값	67	42.1		
소계		159	100.0		

<표 4 – 6>에서 보는 바와 같이 노인들의 학습경험에서 드러난 학습기간은 노인복지관이나 주민자치센터의 교육 프로그램의 기간과 같은 것으로 드러났다. 지방자치단체와 행정안전부 및 서울시의 지원을 받고 있는 주민자치센터는 기본적으로 지역주민을 위한 평생교육 프로그램을 개설하는 과정에 분기별로 실시하고 있어 자연스럽게 3개월 단위로 운영을 하게 되어 있고 이런 결과가 본 연구 결과와 유사하게 드러나고 있다. 또한 노인복지관의 평생교육 프로그램도 이와 같은 취지에서 분기별로 개설되고 있어 참여 교육기관과 교육기간이 관련이 있는 것으로 보인다. 다만 12개월 이상의 경우도 약 7%를 차지하고 있는 것은 특이한 점이라 하겠다. 이 경우 노인복지관에서 운영하는 비문해 노인들을 위한 교육과정이 최소한 6개월에서 1년 혹은 2년 과정으로 운영되고 있어 여기에 참여한 학습자들일 가능성이 높다 하겠다.

응답자의 개인적 배경 변인에 따른 노인들의 평생교육 프로그램 참여 기간은 성별과 연령별, 최종학력, 연간 총 가구소득, 배우자의 유무, 가족 구성 형태, 수입 여부에 따른 평생교육 참여 기간의 차이는 없는 것으로 나타났다([부록 Ⅰ] 참조).

노인평생교육 프로그램 참여 기간은 개인적 배경 변인보다는 참여 동기와 참여 후의 만족 등의 사항이 영향을 미치는 것으로 보인다. 이 같은 결과로 볼 때, 평생교육 참여 기간이 성별은 남자가 여자보다 많고, 연령배우자 유무, 최종학력 수입 여부, 연간 총소득과 관계없이 3개월 미만이 대부분인 것으로 보인다.

4.2.2.3. 노인평생교육방법

본 연구의 참여 노인들이 경험했던 교육방법은 강의식이 가장 많은 것으로 드러났다. 약 70% 참여 노인들이 강의식으로 학습을 하였고, 이어서 실습형으로 학습하고 있는 것으로 나타났다. 노인들이 참여한 평생교육 프로그램의 교육방법에 대한 응답 결과는 다음 <표 4 - 7>과 같다.

〈표 4 - 7〉 참여 평생교육방법(복수응답)

참여 평생교육 프로그램 교육방법	빈도수(명)	구성비(%)
강의식	84	69.4
집단토론식	-	-
발표 및 워크숍	3	2.5
사이버교육	1	0.8
원격교육(방송)	2	1.7

참여 평생교육 프로그램 교육방법	빈도수(명)	구성비(%)
실습형	28	23.1
기타	3	2.5
소계	121	100.0

<표 4 - 7>에서 보는 바와 같이, 노인들이 참여한 평생교육 프로그램의 교육방법에 대해 강의식이 69.4%, 실습형이 23.1%로 나타났으며, 대부분의 교육이 강의식으로 이루어졌다는 것으로 나타났다.

본 연구에서 참여 노인들의 교육방법이 강의식, 실습형 순으로 나타나 최운실(2006)의 일반 성인들을 대상으로 한 연구결과와는 차이를 보이고 있다. 최운실의 연구에서는 학습자들이 강의식, 컴퓨터 활용 순으로 나타났다. 본 연구는 노인들은 강의를 우선으로 하고 노인들이 어렵게 느끼는 컴퓨터 활용보다는 손쉬운 강의에 뒤이은 실습형을 선호한 것으로 보인다.

노인들은 집단토론이나 사이버교육, 방송 등을 통한 원격교육 경험은 전무하거나 거의 없는 것으로 드러나고 있다. 이런 연구 결과는 노인들이 과거 학교교육에서부터 익숙했던 강의식 교육방법에 참여한다고 볼 수도 있겠으나, 참여 노인들이 교육을 수강하기 전에 미리 교육방법을 결정하거나 알아볼 수 없는 현실적인 것을 감안할 때, 노인들을 대상으로 교육을 하는 교수자들에게 시사하는 바가 크다 하겠다. 실제 노인들은 집중하는 시간이 짧고 신체적인 여건 등으로 장시간 앉아 있기가 힘든 특성들을 고려한다면 다양한 교육방법을 활용하는 것이 교육의 효과를 높일 수 있을 것임을 반영하여야 할 것이다.

더욱이 최근의 연구들은(Deborah, Frazer, & bJongsma, 1999;

Weiss, 1988; Cavanaugh 등, 2006). 노인들의 의식전환을 위한 교육이 중요하고 실제 노인들의 경험과 지혜를 살릴 수 있는 다양한 교육방법을 활용할 것을 권하고 있다. 이들은 노인시설거주자들을 대상으로 한 다양한 교육방법 가운데 노인들이 서로 이야기할 수 있고 그들의 대화를 통해 배워 갈 수 있는 일종의 전환학습을 거치는 방법으로서 토론식 혹은 스토리텔링의 효과를 보여 주고 있다. 우리나라의 노인평생교육도 이런 다양한 방법들을 사용할 수 있도록 하여야 할 것이다.

4.2.2.4. 노인평생교육 수강료

본 연구 결과 노인들의 평생교육 참여경험에서 학습 수강료는 무료가 가장 많았고 이어서 3만 원 미만인 것으로 드러났다. 노인들이 참여한 평생교육 프로그램 교육경비에 대한 응답 결과는 다음 <표 4-8>과 같다.

<표 4-8> 평생교육 프로그램 참여 교육경비

평생교육 프로그램 참여 지출비용	빈도수(명)	구성비(%)
무료	40	42.6
1만 원 미만	3	3.2
1만 원~3만 원 미만	30	31.9
3만 원~6만 원 미만	7	7.4
7만 원~9만 원 미만	8	8.5
10만 원~12만 원 미만	1	1.1
13만 원~15만 원 미만	1	1.1
16만 원~18만 원 미만	1	1.1

평생교육 프로그램 참여 지출비용	빈도수(명)	구성비(%)
19만 원~21만 원 미만	-	-
22만 원~24만 원 미만	-	-
25만 원~27만 원 미만	-	-
28만 원~30만 원 미만	-	-
30만 원 이상	3	3.2
소계	94	100.0

<표 4-8>에서 보는 바와 같이, 응답자의 평생교육 프로그램 참여 지출비용은 무료라는 응답이 42.6%였으며, 1만 원~3만 원 미만의 지출도 31.9%로 나타났다. 그리고 3만 원에서 6만 원 사이가 7.4%, 7만 원에서 9만 원이 8.5%이며 19만 원에서 30만 원 미만 사이는 전혀 없는 것으로 드러났다.

이 같은 결과를 보면 참여 지출 비용을 보면 무료이거나 1만 원에서 3만 원 미만이 높은 것은 수강료가 참여 노인들에게 비용부담을 주고 있으며 무료가 선호되는 것은 노인들의 소득과 관련된 것으로 보인다. 그러나 특이한 점은 30만 원 이상의 경우도 3%가 응답하고 있었다. 이들의 경우는 12개월 이상의 프로그램에 등록하였던 것으로 드러났다. 이런 결과는 이들이 한 교육 프로그램에 단기간에 30만 원이라는 수강료를 부담하기보다는 1년 이상의 과정이므로 분기별 과정이라고 가정할 경우 분기당 7만 원에서 9만 원 사이의 수강료 부담 정도로 간주될 수 있을 것이다. 본 연구 결과로 나타난 수강료는 노인들의 소득과 관련되어 있어 실제 노인들을 위한 평생교육 프로그램을 제공할 경우 수강료에 대한 것을 신중히 고려해야 할 것임을 시사하는 것이라 할 수 있다.

4.2.2.5. 노인평생교육 비용 부담 주체

노인평생교육에1 참여한 경험이 있었던 응답자들의 경우 약 82%
는 수강료를 본인이나 가족이 부담하고 있는 것으로 드러났다. 노인
들이 참여한 평생교육 프로그램의 비용 부담의 주체에 대한 응답 결
과는 다음 <표 4-9>와 같다.

〈표 4-9〉 평생교육 프로그램 참여 비용부담 주체

평생교육 프로그램 참여 비용부담주체	빈도수(명)	구성비(%)
본인 또는 가족	61	82.4
지방자치단체	1	1.4
교육 실시 기관	8	10.8
노동조합	-	-
공동부담	-	-
무료	4	5.4
기타	-	-
소계	74	100.0

<표 4-9>에서 보는 바와 같이, 노인들의 평생교육 프로그램 참
여 비용부담에 대해 조사한 결과, 응답자의 평생교육 프로그램 참여
비용은 본인 또는 가족이 부담한다는 응답이 82.4%로 가장 높게 나
타났다. 그 다음으로는 교육 실시 기관 부담이 10.8%, 참여 비용이
무료가 5.4%, 지방자치단체 참여 비용 부담이 1.4%로 나타났다.

이 같은 결과로 보면, 노인들의 평생교육 프로그램의 참여 비용은
노인 본인이 부담하는 경우가 많은 것으로 보인다. 또한 노인들에게
교육 프로그램 제공을 위하여 지방자치단체나 교육 실시 기관에서
일부 부담하는 경우가 있는 것으로 나타났다.

노인들의 평생교육 참여는 참여 지출비용을 개별적으로 부담하는 경우보다는 무료이거나 저렴한 경우에 이루어진다고 볼 수 있으므로 노인의 평생교육 프로그램의 참여를 이끌기 위해서는 지출비용에 대해 신중히 고려해야 할 필요가 있다 하겠다.

4.2.2.6. 노인평생교육 참여 목적 실현

응답자들이 당초에 목적하였던 평생교육의 참여목적을 실현하였는가에 관한 질문의 결과는 응답자의 85%가 당초 목적을 실현한 것으로 드러났다. 그리고 응답자의 15%는 당초 목적을 실현하지 못하였다고 하고 있다. 노인들이 참여한 평생교육 프로그램을 통해 참여목적을 실현하였는가의 여부에 대한 응답 결과는 다음 <표 4-10>과 같다.

〈표 4-10〉 동기달성 여부

구분		빈도	퍼센트	유효 퍼센트	누적 퍼센트
유효	달성	80	50.3	85.1	85.1
	비달성	14	8.8	14.9	100.0
	합계	94	59.1	100.0	
결측	시스템 결측 값	65	40.9		
소계		159	100.0		

위의 표에서 볼 수 있는 것처럼 노인평생교육 참여자들이 참여목적을 달성한 것은 당초의 목적 가운데 사람을 만나거나 인간관계의 확장 혹은 스트레스 해소, 삶의 활력이라는 참여 동기를 고려하여 볼 때 학습내용에 대한 당초 목적이 미비함을 추론할 수 있게 하고

있다. 따라서 본 연구 결과에서 드러난 불만족의 15%가 왜 당초의 참여목적을 달성하지 못하였는가에 대한 신중한 고려가 필요할 것이다. 이들이 당초에 갖고 있었던 목적이 달성되지 못했던 것이 심층적으로 분석되어 반영되어야 할 것이다.

개인적 배경 변인에 따른 평생교육 참여 목적 실현 여부는 '최종학력(p = .042)'에 따른 유의미한 차이가 나타났으며, 성별과 연령별, 연간 총 가구소득, 배우자의 유무, 가족 구성 형태, 수입 여부에 따른 평생교육 참여 목적 실현 여부의 차이는 없는 것으로 나타났다([부록 Ⅰ] 참조). 노인들은 평생교육 프로그램 참여를 통해 자신의 참여 목적을 실현하는 것으로 나타났으며, 최종학력이 초등 졸인 경우에는 참여 목적 실현에 대한 응답이 95.6%로 가장 높았다. 그 다음으로는 최종학력이 대졸 이상인 경우에 참여 목적 실현 응답이 80.0%로 나타났다. 그러나 성별, 연령별, 연간 총 가구소득, 배우자의 유무, 가족 구성 형태, 수입 여부에 관계없이 대부분 평생교육 참여를 통해 목적을 달성하였다고 응답하였다.

위와 같은 결과로 볼 때, 평생교육 프로그램 참여 목적 실현 여부는 성별, 연령별, 최종학력, 연간 총 가구소득, 배우자 유무, 가족 구성 형태, 수입 여부 평생교육 프로그램 참여 목적 실현 여부는 성별, 연령별, 최종학력, 연간 총 가구소득, 배우자 유무, 가족 구성 형태, 수입 여부와 관계없이 평생교육 프로그램 참여 목적을 달성한 것으로 보인다.

4.2.2.7. 개인변인에 따른 참여 학습경험의 차이

이상에서 논의되었던 참여 노인들의 학습경험에 관한 것을 개인들의 변인에 따른 차이를 분석한 결과 다음의 <표 4-11>과 같이 나타났다. 참여 노인들의 성별, 연령, 학력, 소득, 가족구성, 배우자 유무, 직업이 실제 이들의 학습경험에 어떤 영향을 미치고 있는가를 알아보고자 하였다([부록 Ⅰ] 참조).

<표 4-11> 참여 노인들의 학습경험에 관한 개인들의 변인 차이

구분		x^2	df	p
교육 장소	성	7.717	7	.358
	연령	8.282	21	.994
	학력	15.538	21	.795
	소득	54.313	35	.020*
	배우자	13.469	5	.019*
	가족구성	7.140	10	.712
	직업	40.488	28	.060
참여기간	성	11.032	5	.050*
	연령	16.325	15	.361
	학력	15.398	15	.423
	소득	35.461	25	.080
	배우자	6.310	5	.277
	가족구성	4.068	10	.944
	직업	17.274	20	.635
교육방법	성	3.256	4	.516
	연령	18.866	12	.092
	학력	13.508	12	.333
	소득	55.091	20	.000***
	배우자	5.346	4	.254
	가족구성	5.186	8	.738
	직업	19.587	16	.239

구분		χ²	df	p
비용지불자	성	2,464	3	.482
	연령	4,087	9	.906
	학력	14,860	9	.095
	소득	18,052	15	.260
	배우지	4,738	3	.192
	가족구성	4,982	6	.546
	직업	20,020	9	.018*
지출료	성	10,445	8	.235
	연령	73,560	24	.000***
	학력	35,174	24	.066*
	소득	72,914	40	.001**
	배우자	8,144	8	.420
	가족구성	8,806	16	.921
	직업	29,679	32	.585
동기달성	성	.813	1	.367
	연령	1,916	3	.590
	학력	8,177	3	.042*
	소득	8,791	5	.118
	배우자	1,056	1	.304
	가족구성	.200	2	.905
	직업	2,822	4	.588

* $p<.05$, ** $p<.01$, *** $p<.001$

참여자 노인들의 성별은 그들의 학습경험에 영향을 미치지 않았던 것으로 드러났다. 연령은 참여 노인들의 수강료지출에 대해 영향을 미치고 있었다. 연령이 높은 참여자들의 경우 무료 학습경험이 많았고 이는 나이가 들어 갈수록 수강료가 경제적인 부담으로 작용하고 있음을 드러내는 것으로 알 수 있겠다. 참여자들의 최종학력은 당초 교육참여 목적을 달성하였는가에 대해 유의미한 차이를 드러냈다. 이는 고졸 이상의 학력을 가진 자들로 당초 목적을 달성하지 못한 것은 참여 동기와의 관련성에서 분석이 가능하다. 상대적으로 응답자 가운데 고학력자의 경우 학습 자체가 좋아서, 혹은 배우는 것을 즐겨서, 자아실현을 위해서라는 학습지향적 동기를 드러냈으나 실제 개설되는 교육내용들이 여가 위주의 것으로 이들의 교육목적을 실현시키지 못하고 있는 것으로 유추할 수 있을 것이다. 이에 대한 심층적인 원인분석이 되어야 고학력 노인들의 평생교육 참여를 적극적으로 유도할 수 있을 것이다.

소득은 다양한 개인변인 가운데 참여자들의 학습경험에 가장 유의미한 차이를 드러내고 있다. 교육 장소에 관한 학습경험은 소득에 따라 차이가 있었고 교육방법과 수강료에도 영향을 주는 것으로 나타나고 있다. 소득이 높은 참여자들은 교육 장소도 전문기관에 대한 선호를 보였으며 교육방법은 강의식이 높았으며 수강료도 무료에 대한 경험이 낮았다. 이런 결과는 소득이 높아 재정적인 부분이 문제가 되지 않는다면 노인참여자들이 경험할 수 있는 평생교육기관이 다양해질 수 있음을 시사하고 있는 것이라 볼 수 있다.

참여 노인들의 배우자 여부는 교육 장소에 유의미한 차이를 보이고 있다. 배우자가 없는 경우가 참여응답자의 절반을 넘고 있어 이들이 자연스럽게 선호하는 교육기관은 노인복지관으로 노인들만이 모일 수 있는 교육기관을 선호한 것으로 보인다.

직업변인은 수강료 부담주체에 유의미한 차이를 드러내고 있다. 노인평생교육 참여 학습경험에서 비용을 감당하는 주체가 누구였던가에 직업을 갖지 않고 있는 응답자들은 무료와 지방자치단체를 선호하고 있는 것으로 나타났다.

4.3. 노인의 평생교육 비참여 요인

본 연구의 응답자 가운데 평생교육에 지금까지 참여한 경험이 없었던 노인들을 대상으로 그들이 왜 참여하지 않았는가에 대한 조사를 하였고 그 결과를 비참여 요인으로 제시하였다. 평생교육 비참여 노인들의 참여하지 않는 이유에 대한 응답 결과는 다음 <표 4-12>와 같다.

〈표 4-12〉 평생교육 비참여 노인들의 비참여 요인

참여 저해요인	빈도수(명)	구성비(%)
배우기에는 나이가 많아서	6	10.0
건강에 문제가 있어서	11	18.0
교육의 필요성을 느끼지 못해서	7	11.5
시간이 없거나 업무가 많아 바빠서	6	10.0
가족 부양책임 때문에	2	3.2
교육비가 부담되어서	4	6.4
교육기관의 거리가 멀어서	5	8.7
교육정보를 알지 못하여서	8	12.8
원하는 프로그램이 없어서	4	6.4
원하는 전문 강사가 없어서	2	3.2
가족의 협조가 부족해서	1	1.6
문해 능력이 부족해서	1	1.6
배우고자 하는 용기가 나지 않아서	3	5.0
배우는 것 자체가 싫어서	1	1.6
소계	61	100

<표 4-12>에서 보는 바와 같이, 노인들이 평생교육 참여 저해요인에 대해 평생교육 비참여 노인 전체 응답자의 18.0%가 건강의 문

제가 있어서라고 응답하였으며, 다음으로 교육정보를 알지 못하여서 (12.8%), 교육의 필요성을 느끼지 못해서(11.5%), 배우기에는 나이가 많아서(10.0%), 시간이 없거나 업무가 많이 바빠서(10.0%), 교육기관의 거리가 멀어서(8.7%), 원하는 프로그램이 없어서(6.4%), 교육비가 부담되어(6.4%), 배우고자 하는 용기가 나지 않아서(5.0%), 원하는 전문 강사가 없어서(3.2%), 가족 부양책임 때문에(3.2%), 가족의 협조가 부족해서(1.6%), 배우는 것 자체가 싫어서(1.6%), 문해능력이 부족해서(1.6%)의 순으로 나타났다([부록 Ⅰ] 참조).

본 연구의 결과는 노인들이 평생교육에 참여하지 않았던 노인들이 왜 참여하지 않았던가에 대한 이유로서 건강의 문제를 차치하고 교육정보를 알지 못해서 배울 필요성을 느끼지 못해서 혹은 배우기에는 나이가 많이 들어서라고 드러난 것을 보면 실제 노인들의 평생교육을 기획할 때에 주는 시사점이 크다 하겠다. 노인들의 교육 프로그램을 개발하고 그것을 홍보하는 과정에서 주로 개설기관을 통해 건물 등에 홍보지를 부착하고 있는 방식 등은 기존의 참여자들을 위한 홍보일 뿐이지 전혀 참여하지 않는 노인들에게는 아예 교육개설 정보 자체가 차단되는 결과를 초래하는 것이라 하겠다. 따라서 노인들의 평생교육 프로그램은 지역사회의 노인들이 주로 다니는 장소 등에 쉽게 눈에 띌 수 있도록 적극적으로 홍보할 필요가 있을 것이다. 또한 노인들이 배우기에는 늙어서 혹은 배울 필요가 없어서라는 결과는 노인들에게 평생교육에 대한 개념이 충분히 파급되지 못하고 있음을 드러내는 예라고 할 수 있을 것이다. 이후에 논의되겠지만 응답자들이 선호하는 교육내용을 보면 정보 활용 등 실생활 적용에 대한 부분이 높으면서도 배울 필요가 없어서라고 하는 응답은 배움과 교육에 대한 생각이 전환되어야 할 필요를 제기하고 있는 것이라 하겠다.

노인평생교육 비참여 노인들의 개인적인 변인이 이들의 비참여 요인에 영향을 미치고 있는가를 분석한 결과 다음의 <표 4 - 13>과 같이 나타났다. 참여 노인들의 경우와 달리 비참여 노인들의 개인적인 변인은 다양한 방식으로 비참여 요인에 유의미한 영향을 주고 있는 것으로 드러났다([부록 Ⅱ] 참조). 비참여 응답자들의 성별은 비참여 요인에 영향을 주었으며 여성들의 경우 배울 필요가 없어서라는 응답이 높았다. 연령의 경우 나이가 많은 사람들의 경우 배울 필요가 없어서라는 응답이 많아 배움과 나이에 대한 고정관념을 갖고 있음을 드러냈다. 비참여 노인들의 최종학력은 비참여 요인에 유의미한 차이를 드러냈고 저학력의 경우 교육정보를 알지 못한다는 응답이 높은 것으로 드러나 비문해자의 경우까지 고려하여 비참여자들을 위한 노인평생교육 프로그램을 홍보할 필요가 있다 하겠다.

〈표 4 - 13〉 개인변인에 따른 비참여 이유

구분		χ^2	df	p
비참여에 대한 개인변수 요인	성	27,499	14	.017**
	연령	66,716	27	.000***
	학력	44,279	27	.019**
	소득	103,226	75	.017**
	배우자	15,283	9	.083*
	가족구성	38,374	18	.003**
	직업	22,977	27	.686

* p<.05, ** p<.01, *** p<.001

노인평생교육 비참여자들을 대상으로 한 본 연구의 결과 비참여

요인으로서 드러난 건강문제와 교육정보의 부재, 배울 필요가 없어서라는 것은 선행연구와 건강의 문제에서는 유사한 결과를 보이고 다른 부분은 다른 것으로 나타났다. 한정란(2008)의 노인학습자의 노년기 교육 참여 장해요인 연구에서 노년기교육 참여 장해요인은 건강이 안 좋아서, 경제적으로 어려워서 및 시간이 안 맞아서 등의 상황적인 장해가 가장 높게 작용한다고 밝혔다. 본 연구 결과에서도 노인의 평생교육 프로그램 참여는 노인이 처한 상황에 좌우되는 건강의 문제가 가장 큰 영향을 준다고 나타났다. 또한 건강의 문제 다음으로 평생교육 참여의 저해요인으로 나타난 교육 정보를 알지 못하여서, 교육의 필요성을 못 느껴서 등도 기존의 선행연구 결과와 유사하였다(이정선, 2000; 김종남, 2008; 한정란, 2008).

4.4. 노인평생교육 프로그램 요구

본 연구는 노인평생교육 참여자들을 대상으로 참여 동기와 비참여 노인들을 대상으로 왜 참여하고 있지 않는가를 조사하고 노인평생교육의 참여를 활성화시키고 특히 참여하지 않고 있는 노인들을 평생교육에 참여시킬 수 있는 기초자료로 활용될 수 있도록 노인평생교육에 대한 향후 프로그램 요구를 조사하였다. 노인들이 코드 집단으로서 동질성을 갖고 있는 집단으로 간주되고 있지만, 실제 노인들은 이질성이 가장 높은 집단임을(Manheim, 2004) 고려하여 미래의 노인교육요구조사를 통해 노인들이 갖고 있는 평생교육에 대한 기대를 파악하고 이에 대응해야 할 수 있는 자료를 제공하고자 한 것이었다. 이를 위해 먼저 응답자들에게 참여자와 비참여자를 모두 포함하여 미래에 노인평생교육에 참여하는 의향과 선호하는 교육기관, 교육기간, 교육내용, 적정 수강료, 비용부담, 교육방법 등에 대한 요구를 조사하였고 그 결과는 다음에서 논의하였다.

4.4.1. 노인평생교육 참여 의향

현재 평생교육에 참여하고 있지 않는 노인들뿐만 아니라 현재 참여하고 있는 노인들을 대상으로 앞으로 계속 평생교육 프로그램에 참여할 것인가를 알아본 결과 다음의 <표 4 - 14>와 같이 드러났다

응답자의 84%가 미래 노인평생교육에 참여할 것으로 응답하였으며, 16%는 참여하지 않겠다는 의사를 표시하였다. 실제 본 연구의 응답자 가운데 비참여자 노인 가운데 약 77%가 향후에 참여하겠다고 응답하였다. 이런 결과는 실제 비참여 노인들의 비참여가 자신들의 의지에 의한 것이라기보다는 참여하고 싶은 요구가 있으나 상황적 혹은 제도적 요인에 의해 참여를 차단하고 있을 가능성을 시사하고 있다 하겠다.

향후 노인평생교육 참여에 대한 개인변인의 영향은 다음의 <표 4 - 14>와 같이 나타나고 있다. 미래 참여의향은 응답자의 연령과 소득, 배우자의 유무에 의해 영향을 받고 있는 것으로 드러났다. ([부록 I] 참조) 연령이 높은 응답자들은 향후에 참여의사가 상대적으로 낮아 나이가 더 들면 건강문제 등과 함께 배울 필요가 없어서라는

비참여 요인 등이 영향을 미치는 것으로 보인다. 또한 소득이 낮은 노인이 참여의사가 저조하게 드러나 여전히 재정적인 부분이 노인평생교육의 참여에 영향을 미치고 있음을 알 수 있다. 배우자의 경우 배우자가 없는 경우가 참여의향에 높아 인간관계를 만족시키거나 삶의 활력을 주기 위해 노인평생교육에 참여하는 연구결과와 유사한 결과를 보여 주고 있다.

〈표 4-14〉 개인변인에 따른 미래 노인평생교육 참여의향

구분	개인특성	x^2	df	p
요인	성	.79	1	.255
	연령	10,824	3	.013*
	학력	5,842	3	.120
	소득	13,218	5	.021*
	배우자	7,142	1	.008**
	가족구성	.314	2	.855
	직업	3,200	4	.525

* p<.05, ** p<.01, *** p<.001

노인들의 향후 평생교육기관 프로그램 참여 요구에 대해 조사한 결과, 응답자의 개인적 배경 변인에 따른 향후 평생교육기관 프로그램 참여 요구는 '연령(p = .013)'과 '연간 총 가구소득(p = .021)', '배우자 유무(p = .008)'에 따라 유의미한 차이가 나타났다. 그러나 성별과 최종학력, 가족 구성 형태, 수입 여부에 따른 향후 평생교육기관 프로그램 참여 요구의 차이는 없는 것으로 나타났다([부록] 참조).

위와 같은 결과로 볼 때, 노인들의 향후 평생교육 프로그램 참여 요구는 대체적으로 참여의사가 있는 것으로 나타났으며, 연령이 높을수록 향후 평생교육 프로그램 참여 요구가 높아지는 것을 확인할

수 있다. 그러나 80세 이상의 노인들은 향후 평생교육 프로그램의 참여 요구가 다른 연령대에 비해 상대적으로 낮은 것으로 나타났는데, 이것은 연령이 증가하면서 신체적·사회적·심리적인 변화를 겪게 되는 노인들의 건강 문제 등의 상황적인 저해요인이 발생한 것으로 볼 수 있다. 또한 연간 총 가구소득이 높을수록 향후 평생교육 프로그램의 참여요구가 증가하는 경향을 보였다. 배우자가 있는 경우가 배우자가 없는 경우보다 향후 노인의 평생교육 프로그램 참여 요구가 높은 것으로 나타났으며, 배우자의 평생교육 참여 추천 혹은 함께 평생교육의 참여를 이끌어 향후 평생교육의 참여 요구가 나타난 것으로 보인다. 따라서 향후 노인들의 평생교육 프로그램 참여 요구는 성별, 연령별, 최종학력, 연간 총 가구소득, 배우자 유무, 가족 구성 형태, 수입 여부와 별 관계없이 요구가 있다는 것을 알 수 있다.

이상에서 논의된 바 노인평생교육 미래 참여의향에 미치는 개인변인들의 영향 요인을 규명하기 위해 이분형 로지스틱 회귀분석을 하였다. 그 결과는 다음 <표 4 - 15>와 같이 드러났다. 미래 노인평생교육 참여의향은 응답자의 연령과 학력 배우자 유무가 의미 있는 영향을 주는 변인이었으며 이들 변인 간의 중복적인 영향에 대한 분석 결과 학력과 배우자, 소득과 배우자, 연령과 배우자가 의미 있는 영향을 주고 있는 것으로 드러났다. 특히 개인변인에 대한 전체 모형 계수가 유의미한 것들 가운데 분류표는 약 84%가 정확하게 분류되어 이들 개인변수의 미래 참여의향에 대한 설명력은 높게 드러났다.

〈표 4 - 15〉 미래 참여 의향에 영향을 미치는 개인특성에 대한 이분형 로지스틱

특성	χ^2	df	p	분류표(%)
성	.081	1	.371	84
연령	10,225	2	.006**	83.6
학력	4,825	1	.028**	84.1
소득	3,538	1	.060*	83.7
배우자	8,093	1	.004**	84.1
가족구성	7,650	4	.105	84.7
직업	4,804	4	.303	84.2
학력과 소득	12,429	8	.138	85.8
학력과 배우자	10,642	4	.031**	83.9
학력과 가족구성	5,005	2	.082*	84.6
소득과 배우자	11,135	2	.004**	88.6
배우자와 연령	8,368	2	.015**	83.5

* p<.05, ** p<.01, *** p<.001

4.4.2. 교육내용

본 연구 결과 향후 노인평생교육 내용에 대한 요구는 앞으로 참여하고자 희망하는 평생교육의 내용에 대한 질문으로 다음 <표 4 - 16>에서 보는 바와 같이, 노인들의 평생교육 프로그램에 대해 참여하고자 희망하는 분야는 컴퓨터 및 외국어 관련이 32.9%로 가장 높게 나타났다. 그 다음으로는 휴대폰 다루기 등 기본 정보 관련 교육이 29.1%, 건강 및 스포츠 관련 교육이 15.2%의 순으로 나타났다.

과거에 비해 정보가 급속도로 증가되고 글로벌화가 되면서 컴퓨터 사용과 외국어에 관련한 관심이 높아져 컴퓨터 및 외국어 관련 요구가 증대한 것으로 보인다. 또한 컴퓨터나 휴대폰 다루는 기본 관련 교육을 통해 자식이나 손·자녀들과의 의사소통을 위한 요구가 나타

난 것이라고 볼 수 있다. 노년기에 건강이 평생교육 프로그램 참여에 가장 큰 영향을 미치는 것으로 기존의 선행연구와 본 연구의 결과에서 나타난 것처럼 노인들의 건강 및 스포츠에 대한 교육 요구도 높게 나타났다.

위와 같은 결과로 볼 때, 기존에 개설되어 있는 노인평생교육 프로그램의 70% 이상이 여가교육에 초점을 두고 있는 것은 개선되어야 할 필요가 있음을 시사하고 있다. 응답자들이 참여희망 교육 분야는 건강 및 스포츠보다 오히려 컴퓨터·외국어 관련, 휴대폰 다루기 등 기본 정보 관련을 요구하고 있어 변화하는 환경에 적응하고 생활인으로서 불편 없이 살고자 하는 데 필요한 교육요구를 갖고 있음을 알 수 있다. 따라서 노인평생교육이 시간 때우기 식이 아닌 교육내용을 통해 목적을 실현할 수 있도록 깊이 있는 교육내용을 확대시켜야 할 것이다.

〈표 4-16〉 희망하는 평생교육 프로그램 분야

참여희망 프로그램 분야	빈도수(명)	구성비(%)
휴대폰 다루기 등 기본 정보 관련	46	29.1
컴퓨터·외국어 관련	52	32.9
교양·문화소양 관련	16	10.1
취미·여가 관련	15	9.5
취업·창업 관련	1	.6
시민의식 관련	2	1.3
건강·스포츠 관련	24	15.2
자격증·학위취득 관련	1	.6
기타	1	.6
소계	158	100.0

4.4.3. 교육 장소

응답자들이 향후에 참여하고자 하는 교육기관에 대한 요구는 노인들을 대상으로 희망하는 프로그램 교육 장소가 무엇인지에 대해 조사한 결과는 다음 <표 4 - 17>과 같다.

〈표 4 - 17〉 희망하는 평생교육 프로그램 교육 장소(복수응답)

교육 장소	빈도수(명)	구성비(%)
공공기관	8	3.5
현직교육(OJT))	-	-
공공 교육시설	19	8.3
민간교육전문기관	7	3.1
비영리 단체(노동조합, 협회)	1	.4
학교 또는 대학	7	3.1
온라인	1	.4
종교기관	16	7.0
노인복지관	120	52.4
노인교실	9	3.9
백화점 문화센터	5	2.2
동사무소 문화센터	30	13.1
노인대학	2	.9
노인학교	3	1.3
시민단체	1	.4
기타	-	-
소계	229	100.0

<표 4 - 17>에서 보는 바와 같이, 희망하는 교육 장소에 대해 응답자의 52.4%가 노인복지관으로 가장 높게 반응하였으며, 그 다음으로 동사무소 문화센터 13.1%, 공공 교육시설 8.3%의 순으로 나타났

다. 노인복지관은 노인들에게 다양한 평생교육 프로그램을 제공하고 쉼터를 제공하는 공간으로서 활용되어 향후 평생교육 참여 장소로 가장 높은 응답의 결과가 나타난 것으로 보인다. 또한 노년기에 여가 선용을 위해 평생교육 프로그램을 참여하고자 할 경우, 경제적인 부담이 적은 노인복지관, 동사무소, 공공 교육시설에 대한 희망도가 높은 것으로 나타나 노인들의 평생교육 참여는 경제적인 문제와도 연관된다고 볼 수 있다.

이런 본 연구 결과는 실제 노인평생교육의 참여자들의 학습경험에서 드러난 것과 유사한 결과를 보여 주고 있다. 참여 노인들의 경우, 참여했던 교육기관으로서 노인복지관과 주민자치센터, 백화점 문화센터의 순으로 응답한 것과 유사하게 미래 선호하는 교육기관도 노인복지관, 주민자체센터로 나타났고, 다만 공공교육시설에 대한 선호가 세 번째로 나타난 것은 특이한 결과라 하겠다.

4.4.4. 희망하는 평생교육 프로그램 교육기간

본 연구 응답자들이 향후에 희망하는 프로그램 교육기간에 대한 결과는 다음의 <표 4 - 18>과 같이 나타났다. 1개월 미만의 교육기간을 선호하는 응답자는 전체 응답자의 약 11%이며 1개월에서 3개월 사이는 57.5%, 3개월에서 6개월 사이는 15.7%로 드러났다. 가장 선호하는 기간은 1～3개월 사이로 기존의 참여 노인들의 학습경험을 조사한 것과(54%) 유사한 결과를 보여 주고 있으면 3～6개월 사이도 참여 노인들의 참여기간과 유사한 것으로 나타났다. ([부록 I]

참조) 이처럼 미래 선호하는 교육기간과 기존의 참여 노인들의 학습 기간이 매우 유사한 결과를 보이는 것은 기존의 노인평생교육 기간에 대한 만족도가 높은 것으로 유추해 볼 수 있을 것이다.

〈표 4 - 18〉 적정교육기간

구분		빈도수(명)	구성비(%)	유효 %	누적%
유효	1주 미만	1	0.6	.7	.7
	1주~1개월	14	8.8	10.4	11.2
	1~3개월	77	48.4	57.5	68.7
	3~6개월	21	13.2	15.7	84.3
	6개월~1년	15	9.4	11.2	95.5
	1년 이상	6	3.8	4.5	100.0
	합계	134	84.3	100.0	
결측	시스템 결측 값	25	15.7		
소계		159	100.0		

또한 응답자의 개인적 배경 변인에 따른 희망하는 프로그램 교육기간에 대한 차이는 '연령($p = .002$)'과 '연간 총 가구소득($p = .001$)', '배우자 유무($p = .025$)'에 따라 유의미한 차이가 나타났으며, 성별과 최종학력, 가족 구성 형태, 수입 여부에 따른 희망하는 프로그램 교육기간의 차이는 없는 것으로 나타났다. 대부분의 노인들이 희망하는 프로그램 교육기간은 3개월 정도의 기간으로 드러났다([부록] 참조).

이 같은 결과로 볼 때, 성별, 연령별, 최종학력, 연간 총 가구소득, 배우자 유무, 가족 구성 형태, 수입 여부와 관계없이 3개월 미만을 평생교육 프로그램 참여 희망 교육기간으로 하는 것이 적절할 것으로 보인다.

4.4.5. 교육방법

본 연구 응답자들이 향후 참여하고자 희망하는 노인평생교육방법
이 무엇인지에 대하여 조사한 결과 다음 <표 4 - 19>와 같이 드러났
다. 응답자들이 희망하는 노인평생교육 프로그램의 교육방법에 대해
전체의 56.6%인 가장 많은 응답자들은 강의식을 선호하고 있으며,
다음으로는 실습형이 33.7%로 나타났다. 김종남(2008)이 연구한 노
년기교육에 적합한 교육방법에 대한 조사에서 강의가 가장 많았던
결과와 유사하였다. 이것은 노인들이 지금까지의 교육방법 경험이
강의식이 대부분이어서 새로운 교육방법보다는 익숙한 강의식 교육
방법을 선호하는 것으로 보인다.

또한 본 연구 응답자들이 선호하는 교육방법은 강의식과 실습형의
순서로 나타나 기존에 참여했던 교육방법과 유사한 결과를 보이고
있기는 하나 그 선호도에 있어서는 차이를 보여 주고 있다. 기존의
참여자들의 약 70%가 강의식에 참여했던 반면 향후 요구조사에서는
56.5%가 강의식에 대한 요구를 보여 주었고 실습형의 경우 23%의
참여 응답자가 경험한 반면 향후 요구는 33.7%로 더 높은 선호를
보여 주고 있다. 또한 특이한 점은 기존 참여자들에게서 전혀 경험
이 없었던 토론식 교육방법에 대한 것도 약간이나마 드러나고 있어
다양한 교육방법에 대한 요구가 있음을 드러내 주는 것이라 하겠다.

<표 4-19> 희망하는 평생교육 프로그램 교육방법(복수응답)

평생교육 프로그램 교육방법	빈도수(명)	구성비(%)
강의식	116	56.6
집단토론식	3	1.5
발표 및 워크숍	8	3.9
사이버교육	3	1.5
원격교육(방송)	5	2.4
실습형	69	33.7
기타	1	.5
합 계	205	100.0

4.4.6. 교육시간

본 연구 응답자들이 향후 참여하고자 하는 노인평생교육 프로그램 시간에 대한 요구는 다음의 <표 4-20>과 같이 나타났다. 응답자들이 가장 선호하는 교육 참여시간대는 오전이었고 이어서 오후 시간으로 드러났다. 이는 노인들의 교육 프로그램이 기존 노인복지관이나 주민자치센터의 경우 주로 오전시간에 개설하고 있는 것과 유사한 결과를 보여 주는 것이다. 저녁시간대나 출근 전 시간에 대한 것도 약 9%와 약 5%의 요구를 보여 주고 있어 노인평생교육 프로그램이 시간 부족으로 개설되지 못하는 노인복지관의 경우 저녁시간대나 아침 이른 시간의 프로그램 개설도 고려해 볼 수 있을 것으로 시사점을 주고 있다 하겠다.

<표 4-20> 참여희망시간

구분		빈도	퍼센트	유효 %	누적 %
유효	출근 전	5	3.1	4.0	4.0
	점심시간	2	1.3	1.6	5.6
	퇴근 후	4	2.5	3.2	6.7
	오전	49	30.8	38.9	47.6
	오후	23	14.5	18.3	65.9
	저녁	11	6.9	8.7	74.6
	근무시간 내	3	1.9	2.4	77.0
	기타	29	18.2	23.0	100.0
	합계	126	79.2	100.0	
결측	시스템 결측 값	33	20.8		
소계		159	100.0		

　　본 연구 응답자들을 대상으로 희망하는 프로그램 운영시간이 무엇인지에 대하여 개인 배경특성 변인별로 조사한 결과 '연령($p = .011$)'과 '최종학력($p = .008$)'에 따라 유의미한 차이가 나타났으며, 성별과 연간 총 가구소득, 배우자의 유무, 가족 구성 형태, 수입 여부에 따른 희망하는 평생교육 프로그램 운영 시간의 차이는 없는 것으로 나타났다([부록 Ⅰ] 참조).

　　노인들의 대부분이 희망하는 평생교육 프로그램 운영 시간은 대부분 주말 오전으로 나타났으며, 주말 오후가 그 다음으로 나타났다. 따라서 노인들을 대상으로 한 평생교육 프로그램은 주로 주말 시간을 이용하여 실시하는 것이 바람직할 것이다.

4.4.7. 교육비용

본 연구 응답노인들을 대상으로 희망하는 프로그램 교육비 부담 액수가 어느 정도인지 조사한 결과는 다음 <표 4-21>과 같다. 노인들이 희망하는 평생교육 프로그램 교육비 부담액수에 대해 응답자의 48.1%가 1만 원~3만 원 미만이 적당하다고 응답하여 가장 높았으며, 무료 19.8% 등으로 나타났다.

이런 결과는 실제 참여 노인들이 그들의 학습경험을 통해 42.6%가 무료 강좌를 수강하고 있는 것과 다른 특이한 점을 보여 주고 있다. 향후 참여하고자 하는 평생교육 프로그램의 수강료를 지불할 의사가 3~6만 원 사이의 경우 48.1%로 기존의 참여자들의 31.9%가 지불하고 있는 것보다 많은 응답자들이 수강료 지불 의사를 밝히고 있으며 무료 강좌에 대한 것은 불과 19.3%만이 선호도를 나타내 기존의 42.6%와 비교할 때 시사하는 바가 크다 하겠다.

<표 4-21> 희망하는 평생교육 프로그램 교육비 부담 액수

평생교육 프로그램 교육비	빈도수(명)	구성비(%)
무료	26	19.8
1만 원 미만	10	7.6
1만 원~3만 원 미만	63	48.1
3만 원~6만 원 미만	13	9.9
7만 원~9만 원 미만	12	9.2
10만 원~12만 원 미만	2	1.5
13만 원~15만 원 미만	3	2.3
16만 원~18만 원 미만	–	–
19만 원~21만 원 미만	1	.8
22만 원~24만 원 미만	–	–

평생교육 프로그램 교육비	빈도수(명)	구성비(%)
25만 원~27만 원 미만	–	–
28만 원~30만 원 미만	–	–
30만 원 이상	1	.8
합계	131	100.0

본 연구에서 드러난 노인들의 평생교육 프로그램 참여 저해요인으로서는 건강 문제와 더불어 경제적인 영향도 크게 작용하는 것으로 나타났기 때문에, 노인들의 평생교육 프로그램 참여를 활성화하기 위해서는 적정 수준의 프로그램 비용을 책정하는 것이 바람직할 것이다. 이런 측면에서 노인들을 위한 평생교육 프로그램의 교육비는 무료로 하거나 1만 원부터 3만 원 미만으로 하여 어느 정도의 교육 비용을 부담하게 하는 것이 오히려 무료 강좌보다 참여율을 더 높일 수 있을 가능성도 고려되어야 할 것이다.

4.4.8. 개인변인에 따른 노인평생교육 요구의 차이

본 연구 응답자들의 향후 평생교육 요구 조사결과 개인의 변인에 따른 차이가 분석되었다. 응답자의 성별, 연령, 학력, 소득, 배우자, 가족구성, 직업에 관한 변인을 분석한 결과 다음의 <표 4-22>와 같이 나타났다.

응답자의 성별은 향우 참여하고자 하는 교육내용을 비롯한 다른 분야의 요구에서 차이를 드러내지 않았다. 응답자의 연령은 참여하고자 하는 교육기간과 선호하는 교육시간대에서는 유의미한 차이를 보여 주었다. 나이가 많은 응답자들이 상대적으로 교육기간이 짧은 것을 선호하고 시간대도 오전시간대를 선호하는 것은 그들의 신체적인 특성이나 건강의 상태와도 관련이 있을 것으로 추정된다 하겠다.

응답자들의 학력은 개인변인으로서 선호하는 학습내용, 교육방법, 교육시간, 교육비용에 유의미한 차이를 드러냈다. 고졸 이상의 학력을 가진 응답자들의 경우 컴퓨터와 외국어에 대한 요구가 높았으며 교육방법에 있어서도 토론이나 세미나 등의 형식을 선호하는 것으로 드러났고 교육비용도 부담하고자 하는 선호가 높았다. 이런 결과는 학력과 소득변인이 상호 관련성이 높은 것으로 학력이 높은 노인들이 재정적인 부담이 응답자 가운데 상대적으로 적기 때문인 것으로 보인다. 응답자들의 소득에 따른 향후 참여교육요구에 대해 교육내용, 교육기간, 교육방법, 교육비용의 부분에 유의미한 차이를 보여 주었다. 이는 이미 설명한 바 최종학력과 소득의 관련성으로 설명될 수 있을 것이다. 배우자의 유무는 교육기간의 선호에 영향을 미치고 있었다. 배우자가 없는 경우 1주일 미만의 교육기간에 대한 선호도가 낮게 나타났고 응답자의 직업은 교육기간과 교육방법, 교육비용에 유의마한 차이를 보여 주었다. 직업을 가진 응답자들은 교육기간이 짧은 것에 대해 상대적으로 선호하였고 교육방법도 강의식을 선호하였으며 교육비용 지불을 선호하였다([부록 Ⅰ] 참조).

〈표 4-22〉 개인변인에 따른 교육요구

구분	개인특성	χ^2	df	p
교육분야	성	7,034	5	.218
	연령	23,353	18	.177
	학력	27,583	15	.024*

구분	개인특성	χ^2	df	p
교육분야	소득	61,423	30	.001***
	배우자	10,795	6	.095
	가족구성	13,274	12	.349
	직업	34,178	24	.082
교육기관	성	5,544	10	.852
	연령	16,160	27	.950
	학력	35,438	21	.025*
	소득	40,707	50	.723
	배우자	17,682	10	.061
	가족구성	6,833	20	.997
	직업	25,220	40	.967
기간	성	9,315	5	.097
	연령	35,483	15	.002**
	학력	23,967	15	.066
	소득	46,135	20	.001***
	배우지	11,168	4	.025*
	가족구성	15,203	10	.125
	직업	44,498	20	.001***
교육방법	성	6,586	6	.361
	연령	16,406	18	.564
	학력	40,041	18	.002**
	소득	58,536	25	.000***
	배우지	9,598	6	.143
	가족구성	16,468	12	.171
	직업	105,975	24	.000***
교육시간	성	9,091	7	.246
	연령	38,675	21	.011**
	학력	39,739	21	.008**
	소득	42,937	35	.168
	배우자	9,043	7	.250
	가족구성	12,220	14	.589
	직업	22,512	28	.757
비용	성	9,959	8	.268
	연령	33,616	24	.092*
	학력	63,082	24	.000***

구분	개인 특성	x^2	df	p
비용	소득	73.514	40	.001***
	배우자	16.915	8	.091*
	가족구성	23.132	16	.110
	직업	53.799	32	.009**

* p<.05, ** p<.01, *** p<.001

4.5. 참여와 비참여에 관한 논의

이상에서 본 연구는 노인복지관을 이용하는 노인들을 대상으로 노인평생교육에 대한 참여 동기와 비참여 요인 그리고 향후 노인평생교육에 대한 요구를 조사 분석하였다. 본 연구는 노인평생교육에 참여한 적이 없는 노인들이 왜 참여하고 있지 않는가와 참여경험이 있는 노인들의 경우는 무엇이 그들의 참여 동기가 되었는지를 분석하고 그 결과와 함께 향후 노인평생교육의 기초자료로 활용될 수 있도록 교육요구를 조사하였다.

본 연구 결과 노인평생교육에 참여한 경험이 있는 노인과 전혀 참여한 적이 없는 노인들 간에 몇 가지 차이가 드러났고 노인응답자들의 연구결과는 다른 성인집단들의 연구와 차이도 보여 주었다. 본 연구는 이런 점들을 다음의 <표 4 - 23>과 <표 4 - 24>를 중심으로 논의하고자 한다.

다음의 표에서 드러나는 것처럼 노인평생교육에 참여와 비참여는 개인의 학력과 소득, 배우자와 상관관계가 있는 것으로 드러났다. 응답자 가운데 학력이 높은 사람의 경우 참여가 높았고 특이하게 무학

력과 초등 졸 이하의 경우 비참여가 우세하게 드러났다. 이런 결과
는 과거의 학력이 결국 미래의 학습참여에도 영향을 줄 것이라는 예
측이 가능하게 하며 본 연구 비참여 응답자들의 학력은 참여 응답자
에 비해 유의미하게 낮게 드러났다. 개인의 소득 역시 참여와 비참
여에 영향을 주는 요인으로 드러났다. 소득이 높은 사람들은 참여자
가 많았고 소득이 낮은 경우는 비참여자가 많았다. 이는 재정적인
문제가 노인으로 하여금 학습수강료에 대한 부담을 주고 있고 비참
여자의 경우 교육정보부재를 지적함으로써 무료로 운영되는 노인평
생교육 프로그램에 대한 정보조차도 제대로 얻지 못할 가능성을 제
기하고 있다 하겠다. 이로 인해 실제 수강료를 지불하지 않고도 참
여를 원한다면 다양한 노인평생교육에 참여할 수 있는 기회를 아예
놓칠 가능성도 배제할 수 없다 하겠다. 마지막으로 배우자의 유무가
참여와 비참여에 유의미한 영향을 주는 것으로 밝혀졌다. 배우자가
없는 경우 노인평생교육에 대한 참여가 높았고 그것은 사람을 만나
고 무료함을 달래고자 하는 배우자 대신의 삶의 활력을 찾으려고 하
는 노력으로 볼 수 있을 것이다.

〈표 4-23〉 참여자와 비참여자의 개인변인의 상관계수

구분	특성	Kendall의 tau	Spearman의 rho
요인	성	.117	.117
	연령	.002	.002
	학력	.218**	.234**
	소득	.164*	.179*
	배우자	.249**	.249**
	가족구성	.066	.069
	직업	.795	.021

* p<.05, ** p<.01, *** p<.001

이상에서 논의한 응답자의 학력과 소득, 배우자 변인 외에 참여자와 비참여자들의 학습경험이나 미래 참여하게 될 노인평생교육의 요구에 영향을 주는 변인을 이분형 로지스틱 회귀분석을 통해 다음의 <표 4-24>처럼 분석하였다. 참여자와 비참여자의 향후 교육요구와 학습경험에 대한 변인들은 학력과 배우자, 그리고 학력과 배우자, 학력과 가족구성, 배우자와 소득, 연령과 배우자 변인 간의 **60%** 이상의 정확한 분류를 보여 주고 있었다.

〈표 4-24〉 참여자 / 비참여자에 영향을 주는 개인특성에 대한 이분형 로지스틱

구분	x^2	df	p	분류표(%)
성	2,110	1	.146	61.0
연령	.083	1	.774	60.8
학력	12,976	3	.005**	63.6
소득	5,845	5	.322	61.2
배우자	9,737	1	.002**	63.5
가족구성	2,597	4	.565	61.9
직업	2,939	4	.568	60.6
학력과 소득	13,399	8	.099*	64.0
학력과 배우자	17,311	4	.002**	63.6
학력과 가족구성	9,862	3	.020**	61.6
소득과 배우자	12,819	6	.046**	65.8
배우자와 연령	14,220	3	.003**	60.7

* p<.05, ** p<.01, *** p<.001

이상에서 논의된 것을 바탕으로 본 연구는 노인평생교육 참여자의 참여 동기와 비참여자의 비참여 요인이 일반 성인들과는 다른 몇 가지 차이를 발견할 수 있었다.

첫째, 노인평생교육 참여자들의 참여 동기는 생활의 무료함을 달

래기 위해서, 인간관계를 만들기 위해서 혹은 삶의 활력을 제공하기 위해서라는 것으로 드러나 일반 성인들의 경우 직업적인 승진이나 자격증 취득이 높은 것과 다른 결과를 보여 주었다.

둘째, 참여와 비참여를 비롯하여 노인평생교육 요구조사에 이르기까지 다양한 범위에 걸친 배우자 변인의 영향이다. 일반 성인들을 대상으로 한 연구의 경우 배우자의 유무 혹은 결혼 상태가 별다른 영향을 미치지 못한 것으로 드러나고 있지만, 본 연구에서 응답자들은 배우자의 유무가 참여 동기와 비참여 요인, 그리고 향후 참여의향에 유의미한 차이를 보여 주고 있는 것으로 드러났다.

셋째, 일반 성인들의 연구에서 남성 참여자들이 적은 수로 드러나 남성들을 위한 평생교육 참여 유도 방안과 참여기회 확대가 이슈로 제기되었으나 본 연구의 응답자는 남성들이 여성보다 많고 남성참여자의 수가 여성보다 많으며 향후 참여요구도 남성 노인들이 높게 드러나 기존의 일반 성인을 대상으로 한 연구와는 다른 결과를 보여 주고 있다.

마지막으로 본 연구가 응답자의 학력과 소득에 의해 참여와 비참여에 영향을 받고 있음이 드러난 것은 기존의 일반 성인들을 대상으로 한 연구와 유사한 결과를 보여 주고 있는 점이다.

제5장 결론

다음에서는 본 연구 결과에 대한 요약과 결론 및 후속연구를 위한 제언을 포함한 정책적 제언을 논의하고자 한다.

□ 본 연구의 요약 내용은 다음과 같다.

2008년 우리나라 인구의 10.3%가 이미 60세 이상의 인구로 구성되어 고령사회 혹은 초고령사회로의 진입을 앞두고 노인문제가 국가적 차원의 이슈로 제기되었다. 노인들이 갖고 있는 다양한 문제의 해결책으로서 노인평생교육을 교육 복지적 차원에서 접근하는 것이 부족한 실정이다. 이 연구는 노인들의 평생교육 참여를 적극적으로 유도하여 고령화 사회에서 빚어지는 노인문제를 해결할 뿐만 아니라, 노인들의 평생교육 요구를 실현시키기 위한 기초자료를 제공하고자 하였다.

본 연구는 노인들의 평생교육에의 참여 및 비참여와 관련된 이유와 그들의 참여를 촉진하거나 저해하는 요인을 발견하여 비참여 노인들을 적극적으로 평생교육에 참여하게 하는 데 그 목적이 있었다. 연구목적을 달성하기 위해 다음과 같은 연구문제를 설정하였다.

첫째, 노인들이 노인복지관 평생교육 프로그램에 참여하는 이유는 무엇이며 개인의 사회경제적 요인이 영향을 미치는가?

둘째, 노인복지관 평생교육 비참여 노인들이 프로그램에 참여하지 않는 이유는 무엇이며 개인변인에 따른 차이가 있는가?

셋째, 노인들의 평생교육 프로그램에 대한 교육요구는 무엇인가?

이상의 연구문제를 조사하기 위해 연구자는 노인복지관을 방문하여 평생교육 프로그램에 참여하고 있는 노인과 평생교육 프로그램에 참여하지 않는 노인들을 그 대상으로 선정하였다. 조사 도구는 질문지로 노인들의 평생교육 프로그램에 대한 참여 혹은 비참여의 이유와 평생교육에의 참여 촉진요인과 저해요인을 조사하기 위해 선행연구에서 사용된 질문지와 미국의 참여 동기와 저해요인에 관한 '2005 미국 성인교육 조사 프로그램전국조사지(Adult Education Survey of the 2005 National Household Education Survey Program; AE-NHES: 2005)'를 참고로 파일럿 연구와 면담을 통한 개방질문의 응답결과를 바탕으로 제작하여 사용하였다. 총 320개의 설문지를 배부하였고 이 가운데 208개가 회수되어 약 65%의 회수율을 보였다. 회수된 208개의 응답자 가운데 일부만 응답하거나 동일한 번호에 응답을 체크한 응답지를 제외하였다. 회수된 설문지 가운데 49개의 결측 응답과 무성의한 응답을 제외한 159명의 응답을 최종 분석하였다. 연구 분석에 사용된 응답지를 분석하여 노인 95명이 현재 평생교육 프로그램에 참여자로 그리고 63명의 응답자가 비참여자로 구분되었다. 본 연구자는 1차 조사 후 질문지의 회수율이 낮고 부분 응답자가 많아 그 원인을 규명하기 위해 노인복지관의 담당자를 면담하였다. 그 결과 노인복지관을 이용하는 노인들 가운데 비문해자가 있으며, 청력과 시력의 저하 등 신체적인 문제로 응답에 어려움이 있거나 응답을 거부하는 것을 알고 응답률을 높일 수 있도록 연구자가 노인복지관을 직접 방문하여, 대상노인들에게 개별적으로 질문지를 설문한 다음 대신 체크하는 방식을 실시하였다. 자료의 분석은 SPSS 12.0 프로그램을 사용하여 χ^2 검증(Pearson's chi-square test)과 교차분석을 사용한 기술통계와 각 요소들 간의 영향 요인을 규명하기 위해 이분형 로지스틱 회귀분석(Binary Logistic Regression)을 사용하였다.

본 연구의 주요 분석 결과는 다음과 같이 드러났다.

첫째, 노인참여자들의 평생교육 프로그램 참여 동기는 인간관계를 만들고자, 일상생활의 스트레스를 해소하기 위해, 삶의 활력을 얻기 위한 것이 가장 큰 참여 동기로 드러났다. 이런 노인들의 평생교육 참여 동기는 참여를 교육적 목적보다는 일상생활 활동으로 간주하고 있음을 알 수 있게 하였다.

둘째, 노인평생교육의 참여자와 비참여자 간의 차이는 배우자가 없는 경우와 자녀내외와 함께 거주하는 경우 참여율이 높은 것으로 드러났다. 그것은 배우자가 없는 경우, 함께 소일할 사람이나 무료함을 달래 줄 사람이 필요할 것으로 해석된다. 이런 결과는 참여 동기에서 인간관계를 넓히기 위해 삶의 활력을 얻기 위해라는 결과와 긴밀한 관계가 있는 것으로 보인다. 또한 자녀가족과 함께 동거하는 경우 참여가 높은 경우 자녀들과 떠난 시간을 갖기 위해 노인평생교육 프로그램에 참여하는 것으로 분석이 가능할 것으로 보인다. 그것은 참여 동기 가운데 일상생활의 스트레스를 해결하기 위해라는 응답과 관련성이 있을 것으로 추정된다.

셋째, 노인들의 평생교육 참여자와 비참여자 간의 차이는 개인의 가구소득과 최종학력에 따라 유의미한 차이가 있는 것으로 드러났다. 노인평생교육은 가계 소득이 많은 사람과 학력 수준이 높은 사람들의 참여가 높았다. 이런 결과는 성인들을 대상으로 한 참여 동기에 관한 연구와 유사한 결과를 보여 준 것이다. 노인평생교육의 참여도 노인들 가운데 소외된 자들의 참여는 여전히 저조한 것임을 보여 주는 것이라 하겠다.

넷째, 노인평생교육 프로그램에 참여한 자는 고학력 남성의 경우 참여 의사가 많은 것으로 드러났다. 이런 결과는 기존의 선행연구와는 다른 결과를 보여 준다. 다른 성인세대들을 대상으로 한 연구들은 여성의 참여가 높았으나 노인에게서 남성의 참여가 높은 것은 퇴직 이후 남성들이 갈 곳이 찾아 노인평생교육 프로그램에 참여하게 되는 것으로 해석된다.

다섯째, 평생교육 비참여 노인들이 참여하지 않는 이유는 정보를 얻지 못해서, 교육은 불필요하기 때문에, 공부하기에는 나이가 많아서, 건강이 좋지 않아서라는 이유가 큰 것으로 나타났다. 이런 비참여 이유는 기존의 성인들을 대상으로 한 참여저해 연구에서 시간의 부족과 돈의 문제가 우선적인 저해요인인 것과는 대조를 보여 준다. 노인들의 경우 배울 필요가 없어서 혹은 배우기에는 나이가 너무 많아서라는 이유로 참여하지 않는 것은 아직 노인들에게 평생교육에 대한 것이 의식 속에 파고들지 못하고 있음을 보여 주는 것이라 하겠다. 노인들이 유교문화권의 영향 속에서 나고 자라고 했던 과정에서 노인들은 뭔가를 생산하는 존재라기보다는 존경받는 존재이며 배우는 것은 젊은이들의 몫이라는 생각이 아직 남아 있는 영향일 것으로 보인다. 특히 참여하지 않는 이유로서 배우고자 하는 용기가 나지 않아서라고 하는 것은 학교교육에 대한 경험부족이나 학교에 대한 과거 부정적인 경험에 영향을 받았을 수 있을 것이다.

여섯째, 본 연구 응답자들은 향후 평생교육 참여 요구가 참여자에게 강하게 드러나 이미 참여하고 있는 사람들이 비참여자들에 비해 참여요구가 지속적임을 알 수 있었다. 또한 응답자의 학력과 가구 총소득이 참여요구에 영향을 미치고 있었다. 학력이 높을수록, 연간 총 가구소득이 높을수록 향후 평생교육 프로그램의 참여요구가 증가하였다.

일곱째, 향후 참여하고 싶은 노인평생교육 프로그램 분야는 컴퓨터 및 외국어 관련 분야와 휴대폰 다루기 등 기본 정보 관련 교육이 매우 높게 나타났다. 이는 노인들이 평생교육에 참여하는 것은 일상생활에 즉각적인 효과를 볼 수 있는 내용을 선호하고 그 결과를 쉽게 활용할 수 있는 것이어야 함을 시사하고 있는 것이다.

□ 이상의 본 연구결과로부터 도출된 결론은 다음과 같다.

첫째, 노인복지관 노인평생교육 참여는 활동지향적 동기가 강하다. 노인평생교육 프로그램 참여 동기로서 스트레스 해소 및 인간관계 확장, 삶의 활력에 도움을 얻기 위한 것은 직업에서의 승진이나 자격증을 취득하는 것보다 중요하였다. Houle의 연구 등에서 드러난바, 다른 세대 성인들의 경우 목적지향성이 강한 것과는 다른 결과를 보여 준다. 노인들은 자신의 외로움을 극복하고 새로운 인간관계 형성을 위해 평생교육에 참여하는 것으로 노인교육의 참여 동기는 정보 전달이나 지식을 얻는 것보다는 일상생활의 무료함이나 말동무를 얻기 위한 활동지향적인 동기가 강했다.

둘째, 노인들이 평생교육 프로그램에 참여하지 않는 것은 개인적인 원인보다는 제도적, 기관적 차원의 문제가 우선하였다. 비참여 노인들이 왜 참여하지 않는가에 대한 이유는 정보를 접하지 못한 것이 가장 많은 원인으로 제도적, 기관적 차원의 미비점인 것이다. 노인들의 학습기회를 확대하고 이들을 참여시키려는 노력이 부족하고 평생교육을 인식하지 못한 것이었다. 노인들의 참여를 저해하는 것은 건강 문제와 함께 교육정보를 잘 알지 못해하거나 배울 필요가 없고 배우기에 늙었다고 하는 것은 배움에 끝이 없고 언제나 누구나 배움이 가능하다는 관념을 갖지 못한 데서 기인한 것이다.

셋째, 노인들의 평생교육은 기능적 문해에 대한 교육요구가 높다는 점이다. 현재 평생교육 프로그램에 참여하고 있지 않는 노인뿐만 아니라 참여하고 있는 노인들도 앞으로 컴퓨터 및 외국어 관련 요구나 휴대폰 다루기 등 기본 정보 관련 내용들을 요구하는 것은 이들이 급변하는 글로벌 세계시민으로서 역량을 갖추고자 하는 요구이기 때문이다. 그런 면에서 노인평생교육 프로그램이 스포츠나 여가교육에 초점을 두고 있는 것에서 노인들의 기능적 문해능력을 고양시켜 일상생활을 하는 데 불편이 없도록 하는 프로그램으로 전환되어야 한다.

넷째, 소외된 노인들은 노인평생교육에서도 소외되어 있다. 노인평생교육 참여자와 비참여자를 비교하면 비참여자들의 학력이 낮고 소득이 적었다. 이는 다른 성인세대들을 대상으로 한 연구에서처럼 평생교육 기회를 갖지 못한 사람들이 나이가 들어도 평생교육에 쉽게 참여하지 못한 것을 알 수 있다. 참여자들 가운데 고학력자들이 참여 동기 중 학습 혹은 배움이 좋아서라는 학습지향적 동기가 강하게 드러나 학습환경에 노출된 경험이 여전히 노인평생교육에도 영향을 미치고 있음을 알 수 있다. 따라서 노인 저학력자와 노인여성을 위해 배움의 기회를 확대하고 이들의 참여를 유도할 수 있도록 하여 노인평생교육이 이들의 사회참여를 촉진하는 방안으로 활용될 수 있도록 하여야 한다.

다섯째, 노인들의 평생교육 참여 여부와 미래 참여의향은 배우자의 유무와 매우 관련이 높았다. 다른 세대에서 평생교육 참여에 배우자의 유무 영향에 대한 논의가 미진한 것과 달리 노인의 경우 참여 여부에 배우자의 영향은 크게 여향을 미쳤다. 이는 노인들에게 부부존재에 대한 새로운 의미를 부여하는 것으로 노인평생교육은 홀로 사는 노인들이 사회적 활동을 하는 기회로 활용될 수 있음에 주목하여야 한다.

□ **본 연구의 결과를 바탕으로 연구자는 후속연구와 노인평생교육의 활성화를 위해 다음과 같이 제언하고자 한다.**

첫째, 비참여자를 대상으로 한 심층적인 후속연구가 필요하다. 본 연구는 노인복지관을 방문하여 설문한 후에 참여자와 비참여자로 구분하여 비참여자를 조사하였으나, 비참여자만을 대상으로 한 심층적인 연구가 필요하다. 비참여자를 연구샘플로 구하는 데 많은 어려움이 있을 것이며 비참여자들의 경우 비문해자가 있어 심층면담을 하여 개인적인 삶의 과정에서 드러나게 될 비참여 요인에 대한 연구가 필요하다.

둘째, 본 연구에서 밝혀진 결과로서 노인 학습자들의 개인적 변인에 따른 차이가 다른 세대들의 변인 영향과는 다르게 나타난 것에 대한 심층적 연구가 실시되어야 할 것이다. 노인응답자들의 개인적 배경 가운데 배우자가 참여 혹은 비참여를 결정하는 데 다양한 방식으로 영향을 미치는 것으로, 다른 세대를 대상으로 한 연구에서 학력이나 소득이 유의미한 차이를 나타내고 있었지만, 배우자의 유무는 다른 연구들과 다르게 본 연구에서 발견된 것으로 이에 대한 심층 분석을 위한 후속연구가 필요하다. 또한 노인들의 개인적 변인 가운데 성별은 학습경험이나 참여 동기 혹은 비참여 요인 등에 대한 차이가 없어 다른 세대들을 대상으로 한 평생교육 참여 연구와 다른 결과를 드러냈다. 노인들의 경우 성별에 따른 차이는 오히려 줄어들고 개인의 살아온 배경에 의한 차이가 크므로 노인평생교육 프로그램을 개발할 때는 목표 노인고객의 사회경제적 변인에 대한 사전 분석이 필수적으로 실시되어야 한다.

셋째, 노인들의 노인평생교육 참여경험과 참여요구를 바탕으로 볼 때 선호하는 노인평생교육기관과 프로그램은 다르게 나타나 이들의 요구를 반영한 노인교육 정책이 실시되어야 할 것이다. 노인복지관과 주민자치센터 프로그램에 참여를 선호하는 것으로 드러났다. 이에 노인들의 참여를 결정할 때는 노인평생교육기관의 접근성이 참여에 가장 큰 영향을 미치고 있으므로 지역사회에 노인들을 위한 평생교육시설의 설치가 적극 필요하다. 또한 노인 고학력자에 대한 교육 프로그램의 특화가 필요하다. 노인들의 평생교육 참여자 가운데 참여목적 달성 여부에 대해 대졸 이상 노인들의 참여목적 달성이 낮아 이들이 학습목적을 실현하는 구체적인 프로그램이 원활치 못함을 알 수 있다. 따라서 첨차 증가하게 될 고학력 노인을 대상으로 한 프로그램 개발이 필요하다

넷째, 노인평생교육 프로그램 내용에 대한 변화가 요구된다. 노인들의 여가활동이나 스포츠 등에 대한 프로그램이 70% 이상을 차지하고 있는 현실에서 본 연구 응답자들은 컴퓨터나 외국어, 일생생활정보에 관한 교육내용을 가장 많이 요구하고 있었던 것에 비추어 노인들의 평생교육 프로그램은 활동에 관한 것과 생활기능에 관한 기능적 문해 프로그램이 동시에 고려되어 개발되어야 할 필요가 있다. 그리고 노인평생교육 운영자는 단순히 프로그램 운영관리자가 아닌 노인들의 사회적 네트워크를 형성하는 중심자로서 역할을 수행해야 한다. 노인들의 평생교육 참여 동기가 활동 지향적이었던 연구결과를 반영하여 볼 때 노인들이 평생교육을 통해 만남의 장을 만들고 인간관계를 형성하고 관계망을 넓힐 수 있도록 동아리 결성과 운영 등, 사회적 망을 형성하도록 해야 한다.

마지막으로, 노인교육에의 비참여자와 소외계층의 평생교육을 지원하는 각종 정책과 프로그램에 소외 노인평생교육에 대한 지원이 적극적으로 고려되어야 한다. 노인들은 이미 소외계층이지만, 그 가운데서 저학력, 저소득 혹은 심각한 건강문제를 지닌 노인들의 경우 타인의 도움 없이는 생활이 불가능한 경우까지 있어 이들에 대한 국가적 차원의 배려가 필요하다. 복지적인 차원이나 사회사업의 차원을 넘어 인간의 교육본능을 실현할 수 있도록 노인평생교육을 지원

하는 방안이 강구되어야 한다. 또한 노인들의 평생교육에 비참여자들을 참여시키도록 적극적인 홍보와 노력이 필요하다 하겠다. 노인평생교육에 대한 홍보는 기관을 통해 주로 홍보되고 있어 기참여자의 경우 정보를 접하기 용이하나 참여하지 않는 노인들에게 정보의 접근성이 낮으므로 일상생활 속에서 홍보할 수 있는 방안이 강구되어야 한다.

강인애(2003). 우리시대의 구성주의. 서울: 문음사.

고영상(2007). 자생체제 모형에 터한 한국 평생학습도시 정책의 지속 가능성 탐색. 박사학위. 서울대학교대학원.

교육인적자원부·한국교육개발원(2007). 평생교육백서. 서울: 한국교육개발원.

권두승(1990). 평생교육론의 발전과 실천의 동향. 서울: 교육과학사.

권두승·이경아(1999). 평생교육기관실태 조사 분석을 통한 성인교육의 참여율 제고 방안. 교육정책연구. 보고서(미간행).

권두승·조아미(2003). 성인학습 및 상담. 서울: 교육과학사.

권두승(2005). 성인학습 지도방법의 이론과 실제. 서울: 교육과학사.

권순영(2008). 노인여성학습자의 주민자치센터 평생교육 프로그램에 관한 연구. 석사학위논문. 숭실대학교 대학원.

기영화(1994a). 부모교육 프로그램. 여성사회교육, 2. 28 - 53.

기영화(1994b). 사회교육 참여 저해요인 분석. 여성사회교육, 1. 1 - 18.

기영화(1996). 자기주도 학습준비도 비교연구. 여성사회교육, 3, 26 - 40.

기영화(1998). 전문대학의 위기 관리적 위탁교육체제. 전문대학교육, 31, 27 - 33.

기영화(1999). 평생교육사회의 고령자 직업훈련교육. 직업교육훈련, 2(2).

기영화(2000a). 노인교육의 실제. 서울: 학지사.

기영화(2000b). 노인 학습권의 현황과 증진방안. 한국성인교육학회, 독회 토론원고 미간행물.

기영화(2001a). 노인학습의 신화와 노인교육 기회증진방안. 앤드라고지 투데이, 4(4).

기영화(2001b). 평생교육 프로그램개발. 서울: 학지사.

기영화(2005a). 고등교육기관에서의 노인들의 평생교육 프로그램 참여 요인정립에 관한 연구. 앤드라고지 투데이, 8(3), 89 - 109.

기영화(2005b). 고령층 인적자원개발의 과제. The HRD Review, 8(2), 40 - 49.

기영화(2005c). 평생교육관점에서 고령화 사회. 새이웃, 서울: 한국지역사회교육협의회.

기영화(2005d). 고등교육기관에서의 노인들의 평생교육 프로그램 참여 요인 정립에 관한 연구. 8(3), 89 - 109.

기영화(2007). 성공적인 노후생활을 위한 노인교육 발전 방안 연구. 교육인적자원부, 12 - 68.

기영화·홍성화·조운정·김선주(2009). 성인학습론. 서울: 아카데미프레스.

김길자(2004). 평생교육 관점에서의 노인교육 프로그램 연구: 노인교실을 중심으로. 박사학위논문. 성신여자대학교 대학원.

김대식(2008). NLP 자기성장프로그램 훈련이 기업체 성인학습자의 자기존중감에 미치는 효과. 박사학위. 숭실대학교 대학원.

김동환·양낙진(2002). 교육사회학의 이해. 서울: 상조사.

김수영·모선희·원영희·최희경(2009). 노년사회학, 서울: 학지사.

김신일·박부권(2005). 학습사회의 교육학. 서울: 학지사.

김오차(2007). 한국의 노인교육정책에 관한 분석적 연구. 박사학위논문. 안양대학교 대학원.

김영란(2006). 노인교실이용 노인의 여가활동 활성화에 관한 연구. 석사학위논문. 대구대학교 대학원.

김영인·박영재(2006). 근로자의 지위에 따른 평생교육 참여 동기 및 장애요인 분석. 평생교육사회, 2(2), 113 - 136.

김옥규(2007). 노인우울의 위기개입. 서울: 한국학술정보(주).

김주섭(2009). 공무원 조직의 멘토링 관계 효과 인식에 기초한 멘토 역량 요구 분석. 박사학위논문. 숭실대학교 대학원.

김재인(1987). 후기성인의 사회교육적 학습참여와 생활 만족도와의 관계탐구. 박사학위논문. 이화여자대학교 대학원.

김정혜(2005). 수도권 여성 노인의 평생교육 요구에 관한 요구. 박사학위논문. 단국대학교 대학원.

김종남(2008). 교육비참여자들의 노년기교육 요구 및 장해요인. 석사학위논문. 한서대학교 대학원.

김종서·황종권·김신일·한승희(2003). 평생교육개론. 서울: 교육과학사.

김진국(2003). 스키장 동계리조트 이용자의 참여 동기와 만족도. 석사학위논문. 원광대학교 대학원.

김진화(2006a). 평생교육방법 및 실천론. 서울: 서현사.

김진화(2006b). 평생교육 프로그램개발론. 서울:교육과학사.

김창환(2007). 인본주의 교육사상. 서울: 학지사.

김태현(2007). 노년학, 서울: 교문사.

나항진(2002). 노인학교 프로그램 참여자들의 여가활동에 관한 문화기술적 연구. 박사학위논문. 중앙대학교 대학원.

박미경(2001). 지역사회복지관 사회교육 프로그램의 참여 동기와 교육만족도에 관한 연구. 석사학위논문. 성균관대학교 대학원.

박성희(2004). 질적 연구방법의 이해: 생애사 연구를 중심으로. 서울: 원미사.

박종한(2007). 성공적인 노년을 위하여. 서울: 비봉출판사.

박정호(2009). 한국 노인교육의 역사적 전개과정 연구. 박사학위논문. 충남대학교 대학원.

박준영(2009). 교육의 철학적 이해. 서울: 교육과학사.

박형충(2001). 교육행정직 공무원의 평생교육 참여 실태와 관련요인 분석. 석사학위논문. 아주대학교 대학원.

박희원(2006). 노인종합복지관의 교육 프로그램 개선에 관한 연구. 박사학위논문. 상명대학교 대학원.

백순근(2004). 교육연구 및 통계분석. 서울: 교육과학사.

변준균·기영화(2007). 노인교육지도사 양성교육 참여자 교육만족도에 관한 연구. 한국평생교육·HRD연구, 3(2), 65 – 97.

서병숙(1988). 노후 적응에 관한 연구. 석사학위논문. 동아대학교 대학원.

성태제·시기자(2007). 연구방법론. 서울: 학지사.

손승남 엮(2001). 한스 게오르크 가다머 저. 교육은 자기 교육이다. 서울: 동문선. 현대신서, 174권.

송민열(2008). 인적자원개발 담당 조직에서 CLO 리더십과 조직학습이 조직유효성에 미치는 영향. 박사학위논문. 숭실대학교 대학원.

신용주(2004). 평생교육의 이론과 방법. 서울: 형설출판사.

신현국(2001). 중년여성을 위한 인터넷 교육 만족도와 개선방안 연구. 박사학위논문. 홍익대학교 대학원.

신혜정(2005). 성인학습자의 민간자격 프로그램 참여에 관한 연구. 박석학위. 숭실대학교대학원.

오혁진(2000). 성인교육 프로그램에 대한 학습자의 평가준거 연구. 박사학위논문. 서울대학교 대학원.

원용분(2004). 퇴임교원의 인적자원 활용을 위한 사회 경제적 활동의 참여 요구 분석. 박사학위논문. 건국대학교 대학원.

유영만(2006), 지식생태학. 서울: 삼성경제연구소.

유혜엽(2008). 노인학습자의 평생교육 참여 요인에 관한 연구. 석사학위논문. 숭실대학교 교육대학원.

이강봉(2009). HRD 담당자의 역할과 핵심역량에 관한 인식 연구. 박사학위논문. 숭실대학교 대학원.

이경희(2000). 노인복지관 사회교육 프로그램 참여 노인들의 교육요구와 사회참여요구. 박사학위논문. 이화여자대학교 대학원.

이경희(2004). 노인학습자들의 교육 참여실태조사 분석. 평생교육학연구, 10(2), 49-77.

이계성(2008). 노년의 새로운 인생. 서울: 뿌리출판사.

이군희(2004). 사회과학연구방법론. 서울: 법문사.

이기환(2003). 평생교육학습자의 참여 동기와 만족도. 박사학위논문. 대구대학교 대학원.

이상곤·기영화(2005). 지방공무원의 평생교육 프로그램 참여 동기 및 장애요인에 관한 연구. 한국평생교육·HRD연구, 1(2), 29-54.

이성옥(2004). 성인 여성의 평생교육 참여 인식 연구. 석사학위논문. 중앙대학교 교육대학원.

이옥분·장미옥·권인탁(2001). 고등교육기관을 활용한 노인교육 활성화 방안 연구. 교육과학기술자원부.

이원우(2006). 통계학. 서울: 박영사.

이정선(2000). 노인의 교육참여 저해요인: 서울지역 60세 이상 남·녀를 중심으로. 석사학위논문. 고려대학교 대학원.

이정의(1997). 대학사회교육 참여 동기에 관한 연구: 참여자의 배경특성을 중심으로. 석사학위논문. 고려대학교 대학원.

이정표(2000). 평생 직업교육훈련 종합 대책. 서울: 한국직업능력개발원.

이지혜(2000). 메타학습을 통해서 본 성인의 학습자로서의 성장과정. 평생교육학연구, 6(2), 23-46.

이진안(1998). 여성 사회 교육 참여자의 교육 만족도와 참여 동기 분석. 석사학위논문. 연세대학교 대학원.

이현숙(2004). 노인사회교육 프로그램 운영실태에 관한 연구. 석사학위논문. 인하대학교 대학원.

이혜영(2002). 한국 노인복지정책의 발전방향에 관한 연구. 석사학위논문. 원광대학교 행정대학원.

이호선(2005). 노인상담. 서울: 학지사.

임숙경(2008). 여성성인학습자의 평생학습참여성과 및 영향 요인에 관한 구조모형분석. 박사학위논문. 동아대학교 대학원.

임창희(2005). 노인의 생활특성과 생활 만족도에 관한 연구. 박사학위논문. 성신여자대학교 대학원.

임현민(2003). 중년기성인학습자의 성인교육 참여에 관한 연구. 석사학위논문. 연세대학교 대학원.

장경은(2009). 빈곤노인의 노화경험: 질적 연구를 통한 빈곤노인복지정책의 탐색. 박사학위논문. 경북대학교 대학원.

장성일(2004). 노인교육 프로그램 참여 요인에 관한 연구: 청주시 복지기관을 중심으로. 석사학위논문. 고려대학교 대학원.

장세우(2008). 老人敎育 政策執行에 관한 硏究: 忠北地域 老人敎育 프로그램을 中心으로. 박사학위논문. 박사학위논문. 상명대학교 대학원.

장인협 · 최성재(2005). 노인복지학. 서울: 서울대학교 출판부.

장휘숙(2006). 성인심리학 서울: 박영사.

전계향 · 기영화(2006). 고령자 취업교육 참여 동기와 효과에 관한 연구. 직업능력개발연구, 9(1), 129 – 154.

전기선(2006). 박물관 성인교육 프로그램운영과 참여사회적 참여에 관한 연구. 박사학위논문. 숭실대학교 대학원.

전기창(2009). 노인의 평생교육 프로그램이 삶의 질에 미치는 요인. 박사학위논문. 대구한의대학교 대학원.

정은이(2005). 일상적 창의성의 새로운 이해. 서울: 한국학술정보(주).

정인순 · 최운실(2001). 여성성인학습자의 평생교육 참여 요인에 관한 문화기술적 사례분석. 여성사회교육, 6(1) 177 – 203

정지선, 권두승, 김주섭(2000). 소외계층 성인교육 참여율 분석과 지원방안 연구. 서울: 한국직업능력개발원.

조용하 · 안상헌(2001). 평생교육의 이해. 서울: 동문사.

조용하(2004). 여성 노인의 사회적활동과 사회적관계망에 따른 삶의 만족에 관한 연구. 박사학위논문. 고려대학교 대학원.

조해경(2002). 성공적 노화에 관한 연구: 노인들의 성인학습을 통하여. 박사학위논문. 연세대학교 대학원.

주영흠(2003). 자연주의 교육사상. 서울: 학지사.

진규동(2007). 기업의 학습조직 활동이 조직성과에 미치는 영향. 박사학위논문. 숭실대학교 대학원.

차갑부(2002a). 열린사회의 평생교육. 서울: 양서원.

차갑부(2002b). 성인교육에의 참여 및 비참여 연구. 고려대학교.

차갑부(2002c). 사회교육방법의 탐구. 서울: 양서원.

차갑부(2009). 텔리아고지. 서울: 교육과학사.

최돈민 · 이세정 · 김세희(2008). 한국성인의 평생교육 참여에 영향을 미치는 요인탐색. 평생교육연구, 14(4), 29 – 33.

최미숙(2008). 노인교육기관의 교육 프로그램 개발과정연구. 석사학위논문. 숭실대학교 교육대학원.

최성재 · 장인협(2008). 노인복지학. 서울: 서울대학교 출판부.

최영주(2005). 교육소외계층의 평생교육재참여 및 증대요인에 관한 연구. 박사학위논문. 대구대학교 대학원.

최영준(2008). 의정 공무원의 교육훈련 만족도에 관한 연구. 박사학위논문. 숭실대학교 대학원.

최용범(2009). 기업의 조직전략과 최고 경영자의 리더십이 전략적 인적자원개발 업무 수행에 미치는 영향. 박사학위논문. 숭실대학교 대학원.

최운실(1986). 성인교육유형에 따른 특성분석. 박사학위논문. 이화여자대학교 대학원.

최운실(2006). 한국성인학습자의 평생교육 참여 특성 및 관련 요인 분석. 평생교육사회, 2(1), 1 - 35.

최은수 · 배석영(2008). 평생교육경영론. 서울: 양서원.

최지연(2007). 노인복지회관의 운영방안 및 실태조사: 복지무용을 중심으로. 석사학위논문. 공주대학교 교육대학원.

최현묵(2008). 문화예술교육이 문화복지로서 삶의 질에 미치는 영향에 관한 연구. 박사학위. 성균관대학교 대학원.

통계청(2006). 한국통계연감 2006. 통계청.

한국교육학회 사회교육연구회 편(2002). 사회교육방법론. 서울: 형설출판사.

한승진(2005). 대학생 평생교육 학습자의 학습참여에 관한 연구. 박사학위논문. 순천향대학교 대학원.

한승희(2004). 평생교육론. 서울: 학지사.

한영미 · 기영화(2007). 평생교육기관 장기등록 성인학습자의 학습참여지속요인에 관한 연구. 한국평생교육 · HRD연구, 3(1), 59 - 84.

한우섭(2007) 여성 거버넌스 리더들의 경력개발 과정에서의 성인 학습경험. 박사학위논문. 숭실대학교 대학원.

한정란(1992). 노인교육 교과개발 실천연구. 박사학위논문. 연세대학교 대학원.

한정란(2005). 노인교육의 이해. 서울: 학지사.

한정란(2008). 노인학습자의 노년기교육 참여 장해요인. 한국성인교육학회, 2008년 추계학술대회 자료집, 41 - 60.

한정란 · 임형택(1992). 우리나라 노인문제의 본질과 노인교육의 전망. 원우론집, 연세대학교 대학원.

한준상 외(1999). 21세기 한국노인교육의 장기정책 발전방안 연구 교육부.

한준상 외(2000). 세대 간 공동체교육 프로그램 개발연구. 교육부.

한준상(1999). 호모 에루디티오. 서울: 학지사.

한준상(2002). 사회교육과 사회문제: 청소년 · 여성 · 노인문제. 서울: 청아출판사.

허강춘(1997). 한국노인교육평가에 관한 연구. 박사학위논문. 광운대학교 대학원.

허정무(1993). 교원의 정년퇴직 준비과정과 퇴직 후 사회적응에 관한 연구. 박사
학위논문. 한국교원대학교 대학원.

허정무(2000). 권리로서 노인교육. Interdisciplinary Journal of Adult &
Continuing Education(IJACE) 앤드라고지 투데이, 3(4), 105 - 128.

허정무(2001). 노인의 삶의 질 향상과 종교기관의 노인교육활동 참여. 한국노년
학, 21(1).

허정무(2007). 노인교육이론과 실천방법론. 서울: 양서원.

홍기형, 나항진(2000). 퇴직교원의 교육요구에 관한 기초연구. 노인복지연구지,
여름호.

AED(1974). Never too old to Learn. NY: Academy for Educational Development.

Aslanian, C. B., & Brickell, H. M.(1980). American in transition: Life
changes asreasons for adult learning. New York: ollege Entrance
Examination Board.

Atchley, R. & Barusch, A.(2004). Social Forces and Aging: An introduction
to social gerontology, belmont. CA: Wadsworth Thomson Learning.

Betty, P. T & Wolf, M.(1996). Connecting with Older Adults: Educational
Responses and Approaches, Malabar, Florida: Krieger Publishing
Company.

Bengtson, V. & Schaie, K.(1999). Handbook of Theories of Aging, New York.
NY: Springer Publishing Company.

Betty, P. T & Wolf, M.(1996). Connecting with older adults: Educational
response. and approaches. Malaber, FL: Krieger Publishing.

Boshier, R & Collins, J. B(1985). The houle typology after twenty - two
years: A large scale empirical test. Adult education quarterly.

Boshier, R.(1973). Educational participation and dropout: A theoretical model
Adult Education, 255 - 282.

Boshier, R.(1982). Education participation scale. Van Couvre: Learning Press.

Burnside. I. & Schmidt, MG.(1994). Working with older adults: group
process and techniques, Boston: Jones and Bartlett.

Carp, A., Peterson, R., & Roelfs, P.(1974). Adult learning interests and
experiences. San Francisco CA: Jossey Bass.

Cookson, P. S. (ed).(1998). Program planning for the training and contuing of
adults: North American Perstictives: Krieger Publishing company.

Cross, K. P.(1979). Adult learners: Charistics, Needs inters, In R.E Perterson and associates(eds), Lifelong Learning in America, San francisco: Jossey − bass.

Cross, K. P.(1981). Adult as learners: Increasing participation and facilitating learning. San Francisco, CA: Jossey − Bass Publishers.

Cusack, S. A & Thompson, W. J. A(1999). Leadership for Older Adults, Philadelphia: Taylor & Francis.

Dao, M. N. S.(1975). The Orientation toward Nonparticipation in Adult Education. University of Chicago.

Darkenwald, G. & Merriam, S.(1982). Adult education: Foundations of practice. New York, NY: Harper & Row.

Deborah W, Frazer, Arthur E. Jongsma, Jr.(1999). The Older Adult Psychotherapy Treatment Planner, Toronto: John Wiley& Sons, INC.

Donald D, Hammill Foundation(2000). Aging: Every Generation's Concern, Gray Panthers of Austin.

Ellen, Williams(1997). Opportunities in Gerontology and Aging Services Careers, Illinois: VGM Career Horizons.

Eriction, E. H.(1963). Childhood and society, 2nd edition, New York: Norton

Fisher, H.(2004). January 19, Your brain in love. Time

Frank, Glendenning(1985). Educational Gerontology: International Perspectives, New York: St. Martin's Press.

Heilbrun, C. G.(1997). The last gift of time. New York.NY: The Ballentine Publishing Group.

Henry, W. E.(1964). The theory of intrinsic Disengagement. In P. F. Hansen(ed), Age with future, Copenhagen: Munksgard.

Houle, C. O.(1961). The importance of adult education, In Study − Discussion. Group Techniques for Parent Education, Leader, Chicago: National Congress of Parents and Teacher.

Jarvis, P.(2001). Learning in later life: An introduction for educators and careers. London: Kogan Page.

Joan, Cleveland.(1998). Simplifying Life as a Senior Citizen NY: St. Martin's Griffin.

Joanna, Walker.(1996). Changing Concepts of Retirement: Educational Implications, Aldershot, England: Arena.

John, C. Cavanaugh Fredda Blanchard − Fields.(2006). Adult Development and

Aging, Belmont, CA: Wadsworth Thomson Learning.

Johnstone, J. W. & Rivera, R. J.(1965). Volunteers for Learning: A study of the Educational Pursuits of American Adults. Chicago,: Aldine Publishing Company.

Joy, Loverde.(2000). The Complete Eldercare Planner, New York: Times books.

Jules, C. Weiss(1988). The "Feeling Great!" Wellness Program for Older Adults, NY, London: The Haworth Press.

Kee, Young Wha.(1993). A study of adult education needs of Korean Americans: barriers to participation, University of Texas at Austin.

Knowles, M.(1968). Andragogy in Action, San Franscico: Jossey – Bass.

Knowles, M.(1975). Self – directed learning: A guide for learners and teacher. New York: Follett Publishing Company.

Knowles, M.(1980). The modern practice of adult education. Chicago: Association Press.

LA Unified School District: Division of Career and Continuing Education(1987). Teaching Older Adults, LA: LA Unified School District.

Lamdin, L. & Fugatte, M.(1997). Elder Learning: New frontier in an aging society. Phoenix: American Council on Education. Oryx Press Series on Higher Education.

Lowy, L. & O'Connor, D.(1986). Why education in the later years?, Lexington, MA: Books Lexington.

McClusky(1974). Education for aging: The scope of the field and perspectives for the future in S.M. Grabowski & W.d Mason(Eds). learning for aging, Washington D.C: Adult education of U.S.A.

Manheimer, R. J. & Snodgrass, D. D. & Moskow – McKenzie, D.(1995). Older Adult Education: A Guide to Research, Programs, and Policies, Westport, Conn.: Greenwood Press.

Maryanne, Vandervelde(2004). Retirement for Two, NY: A Bantam Book.

Merriam, S. & Lunsden D. B.(1985), Educational needs and interest s of older learners, in D.B Lumsden(ed), The older adult as learner. Hemispere Publishing Corporation.

Merriam, S. B. & caffarella, R. S(1999). Learning in adultfood. San francisco: Jossey bass publishers.

Merriam, S.(2001). The new update on adult learning theory. San Francisco: Jossey – Bass.

Merriam, S.(2004). The role of cognitive development in mezirow's transformational learning theory. Adult education Quarterly, 55(1).

Michael Brickey, Ph.D., Defy Aging, Columbus, OH: New Resources Press.

Miller, H. L.(1967). Participation of adults in education: A force field analysis, Boston: Center the study of liberal education for adults. Boston univ.

Mills, E. S.(1993). The story of elder hostel. NH: University Press of. New England.

Morstein, B. R. & Smart, J. C.(1974). Reasons for participation in adult education courses: A multivariate analysis of group differences. Adult Education, 24(2). 83 - 98.

National Center for Education Statisic(2007), Paticipation in Adult Education and Lifelong learning. US. Department of Education Institute of Education Statisic.

Peterson, D.(1998). Facilitating Education for Older Learners, San Francisco CA: Jossey - Bass.

Peterson, D. A.(1983). Facilitating education for older learners. San Francisco CA: Jossey Bass.

Pilley, C(1990). Adult education, community development and older people. London: Cassell Educational Limited.

Richard, B. Fischer, Mark L. Blazey, Henry T. Lipman(1993). Students of the Third Age: University College Programs for Retired Adults, American Council on Education Oryx Press.

Rowe, J. W. and Khan, R.(1998). Successful Aging. New York: Dell Publishing a division of Random House.

Rubenson, K.(1977). "Participation in recurrent education: A Research Revies", paper presented at Meeting of National Delegates on Developnents in Recurrent Education, Paris.

Schaie, K. W Hans - Werner Wahl Heidrum Mollenkopf Oswald. F(2003). Aging independently: Living arrangements and mobility, New York NY: Springer.

Sherron, R. & Lumsden, D.(1990). Introduction to educational gerontology, New York. NY: Hemisphere Publishing Corporation.

Thornton, J. E & Harold. S. A.(1992). Education in the Third Age.

Canadian and Japanese Perspectives(2008). Vancouver, BC: Pacific Education Press.

Tuckett, A, & Mcaulay, A(2005). Demography and Older Learners (Approaches to a new policy challenger), NIACE(National Institute of Adult Continuing Education(England and Wales)).

Virginia, E. Richardson(1993). Retirement Counseling, NY: Springer Publishing Company.

Waters, E. B & Jane Goodman, J(1990). Empowering older adults, San Francisco CA: Jossey − Bass Publishers.

Withnall, A. & Percy, K.(1994). Good practice in the education and training of older adults. England: Arena.

Woodruff, D. S(1975). Research in adult learning: The indivisual, The gerontologist, 15.

국내외 웹사이트

경제협력개발기구 http://www.oecd.org/: 1977.11.5.

경제협력개발기구 http://www.oecd.org/: 2008.12.1.

교육과학기술부 http://www.mest.go.kr/: 2008.1.20.

교육과학기술부 http://www.mest.go.kr/: 2008.12.8.

교육과학기술부 http://www.moe.go.kr: 2009.2.10.

노인권익증진보호센터 http://www.carie.org/: 2008.12.10.

노인유럽연합회(EURAG): http://wwweurag.ch/d/: 2008.12.10.

미국국립교육통계센터 http://www.nces.ed,gov2008/: 2008.2.5

미국노인협회 http://www.asaging.org/index.cfm/: 2008.12.18.

미국은퇴자협회 http://www.aarp.org/: 2008.10.15.

보건복지가족부 http://www.mw.go.kr/: 2008.12.4.

세계보건기구 http://www.who.int/: 2006.11.30.

시니어넷 http://www.seniornet.org/php/default.php: 2009.2.1.

엘더호스텔 http://www.elderhostel.org/welcome/home.asp: 2009.2.12.

여성가족부 http://www.mogef.go.kr.: 2009.3.11

연방노인청 http://www.aoa.dhhs.gov/: 2009,3.12

유네스코 http://www.portal.unesco.org/: 2008.5.2

통계청 http://www.moe.go.kr/: 2008.7.1.

통계청 http://www.moe.go.kr/: 2009.2.10.

통계청 U.S. Census of Bureau http://www.census.gov/: 2009,3.10.

[부록 I] 연구결과 통계

<표 5 - 1> 배경변인별 평생교육 참여 동기

배경변인	구분	평생교육 참여 동기													계	비고
		전문지식 습득	인간관 계도움	가정적 참여	스트레 스해소	퇴직후 삶만족	네트워크 형성	여가봉 사활동	삶의 활력	소일 거리	배움 만족	자기 개발	정보 습득	교양 쌓기		
성별	남	-	6 (11.8)	4 (7.8)	6 (11.8)	4 (7.8)	5 (9.8)	6 (11.8)	6 (11.8)	3 (5.9)	8 (15.6)	3 (5.9)	-	-	51 (53.7)	$x^2=9.802$ df = 10 p = .458
	여	-	7 (15.9)	1 (2.3)	6 (13.6)	4 (9.1)	4 (9.1)	2 (4.5)	7 (15.9)	3 (6.8)	2 (4.5)	7 (15.9)	1 (2.3)	-	44 (46.3)	
	소계	-	13	5	12	8	9	8	13	5	10	10	1	-	95 (100.0)	

구분		전문자격 취득	인간관계 제도움	가정적 참여	스트레스 해소	퇴직후 삶만족	네트워크 형성	여가활용 여가봉사활동	삶의 활력	소일 거리	배움 만족	자기 개발	정보 습득	교양 쌓기	계	비고
참여 동기 요인	**평생교육 참여 동기**															
인구학적 특성	만 60세 미만	-	-	-	1 (50.0)	-	-	-	-	-	1 (50.0)	-	-	-	2 (2.2)	x^2 = 23.521 df = 30 p = .793
	만 60~69세	-	5 (11.9)	1 (2.4)	5 (11.9)	5 (11.9)	6 (14.3)	5 (11.9)	6 (14.3)	1 (2.4)	3 (7.1)	5 (11.9)	-	-	42 (46.2)	
	만 70~79세	-	5 (12.8)	3 (7.7)	5 (12.8)	3 (7.7)	2 (5.1)	2 (5.1)	5 (12.8)	5 (12.8)	3 (7.7)	5 (12.8)	1 (2.6)	-	39 (42.9)	
	만 80세 이상	-	1 (12.5)	1 (12.5)	-	-	1 (12.5)	1 (12.5)	2 (25.0)	-	2 (25.0)	-	-	-	8 (8.8)	
	소계	-	11	5	11	8	9	8	13	6	9	10	1	-	91 (100.0)	
사회학적 특성	무학	-	-	2 (16.7)	1 (8.3)	2 (16.7)	1 (8.3)	1 (8.3)	3 (25.0)	1 (8.3)	1 (8.3)	-	-	-	12 (12.8)	x^2 = 33.489 df = 30 p = .302
	초등졸	-	9 (20.0)	1 (2.2)	5 (11.1)	1 (2.2)	5 (11.1)	2 (4.4)	4 (8.9)	3 (6.7)	5 (11.1)	9 (20.0)	1 (2.2)	-	45 (47.9)	
	중·고등졸	-	3 (13.6)	-	5 (22.7)	2 (9.1)	2 (9.1)	3 (13.6)	3 (13.6)	2 (9.1)	1 (4.5)	1 (4.5)	-	-	22 (23.4)	
	대졸 이상	-	1 (6.7)	1 (6.7)	1 (6.7)	3 (20.0)	1 (6.7)	2 (13.3)	3 (20.0)	-	3 (20.0)	-	-	-	15 (16.0)	
	소계	-	13	4	12	8	9	8	13	6	10	9	1	-	94 (100.0)	

평생교육 참여 동기

분류변인	구분	전문지식습득	인간관계도움	가정적 정참여	스트레스 해소	퇴직후 삶만족	네트워크 형성	여가및 사활동	삶의 활력	소일 거리	배움 만족	자기 개발	정보 습득	교양 쌓기	계	비고
연간총가구소득	1,200만 원 미만	-	-	-	1 (50.0)	1 (50.0)	-	-	-	-	-	-	-	-	2 (2.3)	$x^2=52.589$ df=50 p=.374
	1,200~2,400 만 원 미만	-	6 (26.1)	1 (4.3)	3 (13.0)	1 (4.3)	3 (13.0)	1 (4.3)	2 (8.7)	2 (8.7)	2 (8.7)	2 (8.7)	-	-	23 (26.7)	
	2,400~3,600 만 원 미만	-	4 (18.2)	2 (9.1)	1 (4.5)	2 (9.1)	1 (4.5)	-	5 (22.7)	2 (9.1)	2 (9.1)	3 (13.6)	-	-	22 (25.6)	
	3,600~4,800 만 원 미만	-	2 (6.9)	2 (6.9)	2 (6.9)	2 (6.9)	4 (13.8)	3 (10.3)	3 (10.3)	2 (6.9)	4 (13.8)	4 (13.8)	1 (3.4)	-	29 (33.7)	
	4,800~6,000 만 원 미만	-	-	-	-	1 (16.7)	1 (16.7)	2 (33.3)	2 (33.3)	-	-	-	-	-	6 (7.0)	
	6,000~7,200 만 원 미만	-	-	-	3 (75.0)	-	-	1 (25.0)	-	-	-	-	-	-	4 (4.7)	
	소계	-	12	5	10	7	9	7	12	6	8	9	1	-	86 (100.0)	
종교유무	유	-	7 (15.6)	3 (6.7)	5 (11.1)	5 (11.1)	4 (8.9)	3 (6.7)	4 (8.9)	5 (11.1)	5 (11.1)	4 (8.9)	-	-	45 (48.9)	$x^2=8.471$ df=10 p=.583
	무	-	5 (10.6)	2 (4.3)	6 (12.8)	2 (4.3)	5 (10.6)	5 (10.6)	9 (19.1)	1 (2.1)	5 (10.6)	6 (12.8)	1 (2.1)	-	47 (51.1)	
	소계	-	12	5	11	7	9	8	13	6	10	10	1	-	92 (100.0)	

영향요인	구분	전문지식 획득	인간관계 도모	가정적 참여여	스트레스 해소	퇴직후 삶만족	네트워크 형성	여가및 사회활동	삶의 활력	소일 거리	배움 만족	자기 개발	정보 습득	교양 쌓기	계	비고
가족 구성 형태	부부 혹은 독거	-	7 (10.9)	4 (6.3)	7 (10.9)	4 (6.3)	7 (10.9)	6 (9.4)	10 (15.6)	6 (9.4)	8 (12.5)	5 (7.8)	-	-	64 (69.6)	$x^2=84.565$ df=40 p=.000
	이들 내외와 동거	-	-	-	2 (18.2)	1 (9.1)	2 (18.2)	-	2 (18.2)	-	-	4 (36.4)	-	-	11 (12.0)	
	자녀와 동거	-	4 (28.6)	1 (7.1)	2 (14.3)	3 (21.4)	-	2 (14.3)	-	-	2 (14.3)	-	-	-	14 (15.2)	
	딸 내외와 동거	-	-	-	1 (50.0)	-	-	-	-	-	-	-	1 (50.0)	-	2 (2.2)	
	기타	-	-	-	-	-	-	-	-	-	-	1 (100.)	-	-	1 (1.1)	
	소계	-	11	5	12	8	9	8	12	6	10	10	1	-	92 (100.0)	
수입 여부	없다	-	4 (11.4)	1 (2.9)	2 (5.7)	3 (8.6)	4 (11.4)	4 (11.4)	5 (14.3)	3 (8.6)	5 (14.3)	4 (11.4)	-	-	35 (36.8)	$x^2=23.873$ df=30 p=.778
	연금 혹은 자녀보조	-	4 (11.4)	3 (8.6)	8 (22.9)	4 (11.4)	3 (8.6)	2 (5.7)	5 (14.3)	1 (2.9)	1 (2.9)	4 (11.4)	-	-	35 (36.8)	
	임대소득	-	3 (21.4)	-	1 (7.1)	1 (7.1)	1 (7.1)	-	2 (14.3)	1 (7.1)	3 (21.4)	1 (7.1)	1 (7.1)	-	14 (14.7)	
	기타	-	2 (18.2)	1 (9.1)	1 (9.1)	-	1 (9.1)	2 (18.2)	1 (9.1)	1 (9.1)	1 (9.1)	1 (9.1)	-	-	11 (11.6)	
	소계	-	13	5	12	8	9	8	13	6	10	10	1	-	95 (100.0)	

<표 5 - 2> 배경변인별 평생교육 프로그램 참여 목적 실현 여부

명(%)

배경 변인	구분	평생교육 프로그램 참여 목적 실현 여부			비고
		달성함	달성하지 못함	계	
성별	남	41 (82.0)	9 (18.0)	50 (53.2)	x^2 = .813 df = 1 p = .367
	여	39 (88.6)	5 (11.4)	44 (46.8)	
	소계	80	14	94 (100.0)	
연령별	만 60세 미만	1 (50.0)	1 (50.0)	2 (2.2)	x^2 = 1.916 df = 3 p = .590
	만 60~69세	36 (85.7)	6 (14.3)	42 (46.7)	
	만 70~79세	32 (84.2)	6 (15.8)	38 (42.2)	
	만 80세 이상	7 (87.5)	1 (12.5)	8 (8.9)	
	소계	76	14	90 (100.0)	
최종 학력	무학	9 (75.0)	3 (25.0)	12 (12.9)	x^2 = 8.177 df = 3 p = .042
	초등 졸	43 (95.6)	2 (4.4)	45 (48.4)	
	중·고등 졸	15 (71.4)	6 (28.6)	21 (22.6)	
	대졸 이상	12 (80.0)	3 (20.0)	15 (16.1)	
	소계	79	14	93 (100.0)	
연간 총 가구소득	1,200만 원 미만	1 (50.0)	1 (50.0)	2 (2.3)	x^2 = 8.791 df = 5 p = .118
	1,200~2,400만 원 미만	21 (91.3)	2 (8.7)	23 (26.7)	
	2,400~3,600만 원 미만	19 (86.4)	3 (13.6)	22 (25.6)	
	3,600~4,800만 원 미만	27 (93.1)	2 (6.9)	29 (33.7)	
	4,800~6,000만 원 미만	5 (83.3)	1 (16.7)	6 (7.0)	
	6,000~7,200만 원 미만	2 (50.0)	2 (50.0)	4 (4.7)	
	소계	75	11	86 (100.0)	

배경 변인	구분	평생교육 프로그램 참여 목적 실현 여부			비고
		달성함	달성하지 못함	계	
배우자 유무	유	36 (81.8)	8 (18.2)	44 (48.4)	$x^2 = 1.056$ df = 1 p = .304
	무	42 (89.4)	5 (10.6)	47 (51.6)	
	소계	78	13	91 (100.0)	
가족 구성 형태	부부 혹은 독거	53 (84.1)	10 (15.9)	63 (69.2)	$x^2 = .636$ df = 4 p = .959
	아들 내외와 동거	9 (81.8)	2 (18.2)	11 (12.1)	
	자녀와 동거	12 (85.7)	2 (14.3)	14 (15.4)	
	딸 내외와 동거	2 (100.0)	–	2 (2.2)	
	기타	1 (100.0)	–	1 (1.1)	
	소계	77	14	91 (100.0)	
수입 여부	없다	28 (80.0)	7 (20.0)	35 (37.2)	$x^2 = 2.472$ df = 3 p = .480
	연금 혹은 자녀보조	31 (91.2)	3 (8.8)	34 (36.2)	
	임대소득	11 (78.6)	3 (21.4)	14 (14.9)	
	기타	10 (90.9)	1 (9.1)	11 (11.7)	
	소계	80	14	94 (100.0)	

<표 5-3> 배경변인별 평생교육 참여 기간

명(%)

배경변인	구분	평생교육 참여 기간							비고
		1주 미만	1개월 미만	3개월 미만	6개월 미만	1년 미만	1년 이상	계	
성별	남	1 (2.0)	–	30 (61.2)	7 (14.3)	5 (10.2)	6 (12.2)	49 (53.3)	$x^2=11.032$ df=5 p=.051
	여	1 (2.3)	8 (18.6)	20 (46.5)	7 (16.3)	2 (4.7)	5 (11.6)	43 (46.7)	
연령별	만 60세 미만	–	–	1 (50.0)	1 (50.0)	–	–	2 (2.3)	$x^2=16.325$ df=15 p=.361
	만 60~69세	1 (2.5)	2 (5.0)	21 (52.5)	11 (27.5)	2 (5.0)	3 (7.5)	40 (45.5)	
	만 70세~79세	1 (2.6)	6 (15.8)	19 (50.0)	1 (2.6)	4 (10.5)	7 (18.4)	38 (43.2)	
	만 80세 이상	–	–	5 (62.5)	1 (12.5)	1 (12.5)	1 (12.5)	8 (9.1)	
최종 학력	무학	–	2 (16.7)	5 (41.7)	2 (16.7)	1 (8.3)	2 (16.7)	12 (13.2)	$x^2=15.398$ df=15 p=.423
	초등 졸	1 (2.3)	5 (11.6)	27 (62.8)	4 (9.3)	4 (9.3)	2 (4.7)	43 (47.3)	
	중·고등 졸	1 (4.8)	–	11 (52.4)	3 (14.3)	1 (4.8)	5 (23.8)	21 (23.1)	
	대졸 이상	–	1 (6.7)	7 (46.7)	5 (33.3)	1 (6.7)	1 (6.7)	15 (16.5)	
연간 총 가구소득	1,200만 원 미만	–	–	1 (50.0)	1 (50.0)	–	–	2 (2.4)	$x^2=35.461$ df=25 p=.080
	1,200~2,400만 원 미만	1 (4.5)	3 (13.6)	14 (63.6)	1 (4.5)	2 (9.1)	1 (4.5)	22 (25.9)	
	2,400~3,600만 원 미만	–	–	15 (68.2)	4 (18.2)	1 (4.5)	2 (9.1)	22 (25.9)	
	3,600~4,800만 원 미만	–	4 (13.8)	15 (51.7)	5 (17.2)	3 (10.3)	2 (6.9)	29 (34.1)	
	4,800~6,000만 원 미만	–	–	3 (50.0)	1 (16.7)	–	2 (33.3)	6 (7.1)	
	6,000~7,200만 원 미만	–	–	–	–	1 (25.0)	3 (75.0)	4 (4.7)	
배우자 유무	유	1 (2.3)	2 (4.5)	25 (56.8)	9 (20.5)	2 (4.5)	5 (11.4)	44 (49.4)	$x^2=6.310$ df=5 p=.277
	무	–	6 (13.3)	24 (53.3)	4 (8.9)	5 (11.1)	6 (13.3)	45 (50.6)	

배경변인	구분	평생교육 참여 기간							비고
		1주 미만	1개월 미만	3개월 미만	6개월 미만	1년 미만	1년 이상	계	
가족 구성 형태	부부 혹은 독거	1 (1.6)	4 (6.3)	36 (57.1)	9 (14.3)	5 (7.9)	8 (12.7)	63 (70.0)	x²=18.942 df=20 p=.526
	아들 내외와 동거	1 (10.0)	2 (20.0)	3 (30.0)	1 (10.0)	1 (10.0)	2 (20.0)	10 (11.1)	
	자녀와 동거	–	1 (7.1)	8 (57.1)	4 (28.6)	1 (7.1)	–	14 (15.6)	
	딸 내외와 동거	–	1 (50.0)	–	–	–	1 (50.0)	2 (2.2)	
	기타	–	–	1 (100.0)	–	–	–	1 (1.1)	
수입 여부	없다	1 (2.9)	3 (8.8)	16 (47.1)	4 (11.8)	6 (17.6)	4 (11.8)	34 (37.0)	x²=22.236 df=20 p=.328
	연금 혹은 자녀보조	1 (2.9)	2 (5.9)	18 (52.9)	7 (20.6)	1 (2.9)	5 (14.7)	34 (37.0)	
	임대소득	–	3 (21.4)	8 (57.1)	3 (21.4)	–	–	14 (15.2)	
	기타	–	–	8 (80.0)	–	–	2 (20.0)	10 (10.9)	

<표 5-4> 배경변인별 평생교육 프로그램 참여 요구

명(%)

배경 변인	구분	향후 평생교육기관 프로그램 참여 의향			비고
		예	아니오	계	
성별	남	57 (81.4)	13 (18.6)	70 (50.4)	x²=.797 df=1 p=.372
	여	60 (87.0)	9 (13.0)	69 (49.6)	
연령별	만 60세 미만	2 (66.7)	1 (33.3)	3 (2.2)	x²=10.824 df=3 p=.013
	만 60~69세	53 (82.8)	11 (17.2)	64 (47.8)	
	만 70세~79세	49 (92.5)	4 (7.5)	53 (39.6)	
	만 80세 이상	8 (57.1)	6 (42.9)	14 (10.4)	

배경 변인	구분	향후 평생교육기관 프로그램 참여 의향			비고
		예	아니오	계	
최종 학력	무학	18 (69.2)	8 (30.8)	26 (18.8)	$x^2=5.842$ $df=3$ $p=.120$
	초등 졸	60 (85.7)	10 (14.3)	70 (50.7)	
	중/고등 졸	24 (88.9)	3 (11.1)	27 (19.6)	
	대졸 이상	14 (93.3)	1 (6.7)	15 (10.9)	
연간 총 가구소득	1,200만 원 미만	1 (25.0)	3 (75.0)	4 (3.0)	$x^2=13.218$ $df=5$ $p=.021$
	1,200~2,400만 원 미만	38 (80.9)	9 (19.1)	47 (34.8)	
	2,400~3,600만 원 미만	28 (87.5)	4 (12.5)	32 (23.7)	
	3,600~4,800만 원 미만	38 (88.4)	5 (11.6)	43 (31.9)	
	4,800~6,000만 원 미만	6 (100.0)	–	6 (4.4)	
	6,000~7,200만 원 미만	2 (66.7)	1 (33.3)	3 (2.2)	
배우자 유무	유	51 (94.4)	3 (5.6)	54 (39.1)	$x^2=7.142$ $df=1$ $p=.008$
	무	65 (77.4)	19 (22.6)	84 (60.9)	
가족 구성 형태	부부 혹은 독거	76 (85.4)	13 (14.6)	89 (67.9)	$x^2=5.643$ $df=4$ $p=.227$
	아들 내외와 동거	13 (100.0)	–	13 (9.9)	
	자녀와 동거	19 (73.1)	7 (26.9)	26 (19.8)	
	딸 내외와 동거	2 (100.0)	–	2 (1.5)	
	기타	1 (100.0)	–	1 (.8)	

배경 변인	구분	향후 평생교육기관 프로그램 참여 의향			비고
		예	아니오	계	
수입 여부	없다	50 (80.6)	12 (19.4)	62 (44.6)	$x^2 = 2.896$ df = 3 p = .409
	연금 혹은 자녀보조	38 (90.5)	4 (9.5)	42 (30.2)	
	임대소득	16 (88.9)	2 (11.1)	18 (12.9)	
	기타	13 (76.5)	4 (23.5)	17 (12.2)	

<표 5-5> 배경변인별 희망하는 평생교육 프로그램 교육 기간

명(%)

배경 변인	구분	평생교육 프로그램 희망 교육기간							비고
		1주 미만	1개월 미만	3월개 미만	6월개 미만	1년 미만	1년 이상	계	
성 별	남	–	4 (6.3)	38 (59.4)	10 (15.6)	11 (17.2)	1 (1.6)	64 (47.8)	$x^2 = 9.315$ df = 5 p = .097
	여	1 (1.4)	10 (14.3)	39 (55.7)	11 (15.7)	4 (5.7)	5 (7.1)	70 (52.2)	
연 령 별	만 60세 미만	–	1 (33.3)	–	–	–	2 (66.7)	3 (2.4)	$x^2 = 35.483$ df = 15 p = .002
	만 60~69세	1 (1.6)	6 (9.8)	35 (57.4)	11 (18.0)	8 (13.1)	–	61 (48.0)	
	만 70~79세	–	5 (9.4)	32 (60.4)	7 (13.2)	5 (9.4)	4 (7.5)	53 (41.7)	
	만 80세 이상	–	1 (10.0)	5 (50.0)	2 (20.0)	2 (20.0)	–	10 (7.9)	
최종 학력	무학	–	3 (15.0)	15 (75.0)	1 (5.0)	1 (5.0)	–	20 (14.9)	$x^2 = 23.967$ df = 15 p = .066
	초등 졸	–	10 (15.2)	38 (57.6)	10 (15.2)	6 (9.1)	2 (3.0)	66 (49.3)	
	중/고등 졸	1 (3.0)	–	19 (57.6)	7 (21.2)	3 (9.1)	3 (9.1)	33 (24.6)	
	대졸 이상	–	1 (6.7)	5 (33.3)	3 (20.0)	5 (33.3)	1 (6.7)	15 (11.2)	

배경변인	구분	평생교육 프로그램 희망 교육기간							비고
		1주미만	1개월미만	3월개미만	6월개미만	1년미만	1년이상	계	
연간 총 가구 소득	1,200만 원 미만	–	–	1 (100.0)	–	–	–	1 (.8)	$x^2 = 46.135$ df=20 p=.001
	1,200~2,400만 원 미만	–	3 (7.3)	31 (75.6)	2 (4.9)	5 (12.2)	–	41 (33.1)	
	2,400~3,600만 원 미만	–	4 (13.3)	18 (60.0)	4 (13.3)	3 (10.0)	1 (3.3)	30 (24.2)	
	3,600~4,800만 원 미만	–	6 (14.6)	22 (53.7)	10 (24.4)	2 (4.9)	1 (2.4)	41 (33.1)	
	4,800~6,000만 원 미만	–	–	3 (42.9)	2 (28.6)	2 (28.6)	–	7 (5.6)	
	6,000~7,200만 원 미만	–	–	1 (25.0)	–	1 (25.0)	2 (50.0)	4 (3.2)	
배우자 유무	유	–	6 (10.3)	35 (60.3)	4 (6.9)	10 (17.2)	3 (5.2)	58 (44.3)	$x^2 = 11.168$ df=4 p=.025
	무	–	8 (11.0)	42 (57.5)	17 (23.3)	3 (4.1)	3 (4.1)	73 (55.7)	
가족 구성 형태	부부 혹은 독거	–	7 (8.0)	53 (60.9)	14 (16.1)	11 (12.6)	2 (2.3)	87 (68.0)	$x^2 = 30.477$ df=20 p=.062
	아들 내외와 동거	1 (6.3)	4 (25.0)	6 (37.5)	4 (25.0)	–	1 (6.3)	16 (12.5)	
	자녀와 동거	–	2 (9.5)	13 (61.9)	2 (9.5)	2 (9.5)	2 (9.5)	21 (16.4)	
	딸 내외와 동거	–	1 (33.3)	1 (33.3)	–	–	1 (33.3)	3 (2.3)	
	기타	–	–	–	1 (100.0)	–	–	1 (.8)	
수입 여부	없다	–	8 (14.5)	32 (58.2)	10 (18.2)	2 (3.6)	3 (5.5)	55 (41.0)	$x^2 = 16.613$ df=15 p=.343
	연금 혹은 자녀보조	1 (2.2)	4 (8.7)	26 (56.5)	3 (6.5)	9 (19.6)	3 (6.5)	46 (34.3)	
	임대소득	–	1 (5.9)	9 (52.9)	4 (23.5)	3 (17.6)	–	17 (12.7)	
	기타	–	1 (6.3)	10 (62.5)	4 (25.0)	1 (6.3)	–	16 (11.9)	

<표 5-6> 배경변인별 희망하는 평생교육 프로그램 운영시간

명(%)

배경변인	구분	평생교육 프로그램 운영 시간									비고
		출근 전	점심 시간	퇴근 후	주말 오전	주말 오후	주말 저녁	근무 시간 내	기타	계	
성별	남	2 (3.4)	–	3 (5.1)	23 (39.0)	11 (18.6)	8 (13.6)	–	12 (20.3)	59 (46.8)	$x^2=9.091$ df=7 p=.246
	여	3 (4.5)	2 (3.0)	1 (1.5)	26 (38.8)	12 (17.9)	3 (4.5)	3 (4.5)	17 (25.4)	67 (53.2)	
연령별	만 60세 미만	–	1 (33.3)	–	–	1 (33.3)	–	1 (33.3)	–	3 (2.5)	$x^2=38.675$ df=21 p=.011
	만 60~69세	3 (5.0)	–	3 (5.0)	21 (35.0)	12 (20.0)	7 (11.7)	1 (1.7)	13 (21.7)	60 (49.2)	
	만 70세~79세	2 (4.0)	1 (2.0)	1 (2.0)	21 (42.0)	8 (16.0)	3 (6.0)	1 (2.0)	13 (26.0)	50 (41.0)	
	만 80세 이상	–	–	–	5 (55.6)	1 (11.1)	1 (11.1)	–	2 (22.2)	9 (7.4)	
최종학력	무학	–	–	1 (5.6)	8 (44.4)	1 (5.6)	3 (16.7)	–	5 (27.8)	18 (14.4)	$x^2=39.739$ df=21 p=.008
	초등 졸 이하	3 (5.2)	1 (1.7)	–	28 (48.3)	12 (20.7)	2 (3.4)	–	12 (20.7)	58 (46.4)	
	중/고등 졸	2 (5.9)	–	–	9 (26.5)	8 (23.5)	3 (8.8)	2 (5.9)	10 (29.4)	34 (27.2)	
	대졸 이상	–	1 (6.7)	3 (20.0)	3 (20.0)	2 (13.3)	3 (20.0)	1 (6.7)	2 (13.3)	15 (12.0)	
연간 총 가구 소득	1,200만 원 미만	–	–	–	1 (100.0)	–	–	–	–	1 (.9)	$x^2=42.937$ df=35 p=.168
	1,200~2,400만 원 미만	2 (6.3)	–	–	19 (59.4)	5 (15.6)	1 (3.1)	–	5 (15.6)	32 (27.6)	
	2,400~3,600만 원 미만	2 (6.5)	1 (3.2)	1 (3.2)	8 (25.8)	6 (19.4)	4 (12.9)	1 (3.2)	8 (25.8)	31 (26.7)	
	3,600~4,800만 원 미만	–	–	2 (4.9)	17 (41.5)	10 (24.4)	3 (7.3)	–	9 (22.0)	41 (35.3)	
	4,800~6,000만 원 미만	–	–	1 (14.3)	–	1 (14.3)	2 (28.6)	–	3 (42.9)	7 (6.0)	
	6,000~7,200만 원 미만	–	–	–	1 (25.0)	–	1 (25.0)	1 (25.0)	1 (25.0)	4 (3.4)	
배우자 유무	유	4 (7.3)	1 (1.8)	3 (5.5)	17 (30.9)	10 (18.2)	5 (9.1)	2 (3.6)	13 (23.6)	55 (44.4)	$x^2=9.043$ df=7 p=.250
	무	–	1 (1.4)	1 (1.4)	32 (46.4)	12 (17.4)	6 (8.7)	1 (1.4)	16 (23.2)	69 (55.6)	

배경변인	구분	평생교육 프로그램 운영 시간									비고
		출근 전	점심 시간	퇴근 후	주말 오전	주말 오후	주말 저녁	근무 시간 내	기타	계	
가족 구성 형태	부부 혹은 독거	3 (3.7)	–	3 (3.7)	29 (35.8)	14 (17.3)	8 (9.9)	1 (1.2)	23 (28.4)	81 (66.9)	x²=38.757 df=28 p=.085
	아들 내외와 동거	–	–	–	7 (43.8)	3 (18.8)	–	–	6 (37.5)	16 (13.2)	
	자녀와 동거	1 (5.0)	2 (10.0)	1 (5.0)	8 (40.0)	6 (30.0)	1 (5.0)	1 (5.0)	–	20 (16.5)	
	딸 내외와 동거	–	–	–	2 (66.7)	–	–	1 (33.3)	–	3 (2.5)	
	기타	–	–	–	1 (100.0)	–	–	–	–	1 (.8)	
수입 여부	없다	1 (2.0)	2 (3.9)	1 (2.0)	18 (35.3)	7 (13.7)	6 (11.8)	1 (2.0)	15 (29.4)	51 (40.5)	x²=27.617 df=21 p=.151
	연금 혹은 자녀보조	2 (5.0)	–	3 (15.0)	16 (20.0)	9 (20.0)	3 (10.0)	2 (5.0)	8 (25.0)	43 (34.1)	
	임대소득	1 (5.9)	–	–	3 (17.6)	6 (35.3)	2 (11.8)	–	5 (29.4)	17 (13.5)	
	기타	1 (6.7)	–	–	12 (80.0)	1 (6.7)	–	–	1 (6.7)	15 (11.9)	

[부록 Ⅱ]

미국 성인교육 조사 프로그램

Adult Education Survey of the 2005 National Household
Education Survey Program; AE−NHES: 2005

본 AE−NHES 조사에서 제시한 데이터는, '형식교육활동(formal adult educational activies)' 의미를 교수자가 있는 교육으로 규정하는 한편, '비형식성인교육활동(informal adult educational activies)'

은 교수자가 없이 개인의 관심으로 이루어지는 학습활동으로 본다.

AE－NHES: 2005는 NHES 조사가 처음으로 '형식 성인교육활동'과 개인적 관심과 욕구중심으로 이루어지는 '비형식 성인교육활동' 두 가지에 중점을 둔 조사이다(National Center for Education Statisic, 2007).

이 보고서에서는 미국에서 12개월 이상의 프로그램으로 구성된 대학이나 직업 훈련기관에 전일제 학생으로 등록한 성인들을 제외한 성인들의 교육활동의 참여에 관한 데이터를 보여 준다. 조사 대상은 고등학교 졸업자 이상 혹은 16세 이하의 고등학교 중퇴자 등을 대상으로 샘플링하여 인터뷰를 진행한다.

주요 조사 영역은, 직업 및 기술 학위 프로그램·도제교육 프로그램·형식교육참여(학위과정 제외)·직무 관련 교육·교양과정·원격교육·무형식 학습과정 등이다.

이 보고서에서는 2005~05년의 12개월 동안 전문대학/대학의 전 시간제 입학 또는 직업적/기술적 자격 프로그램을 포함하는 미국의 교육적 활동에서의 성인 참여에 관해 채택된 자료(data)를 제시하고 있다. 역사적으로 중등교육 후의(전문대학과 직업적) 프로그램의 전 시간제의 참여는 성인교육으로 간주하지 않았다. 이러한 이유와 더불어 NHES 조사에 기초를 둔 성인교육의 이전 보고서와의 비교로 인해, 전 시간제의 입학은 전문대학, 대학 그리고 직업적, 기술적 자격 프로그램의 참여에 관한 측정 또는 성인교육 참여에 관한 전반적인의 측정 속에 포함시키지 않고 있다.

이 자료들은 '2005 국가의 가구 교육 조사 프로그램(Adult Education Survey of the 2005 National Household Education Survey Program,

줄임말 AE‑NHES: 2005)'의 성인교육 조사로부터 나온 자료들이다. 시민들 중에서 국가적으로 대표되는 표본 집단을 선정하고 비제도권 인구 중에서 12학년 또는 그 아래 학년에 입학하지 못한 16세 또는 그 이상의 사람들을 표본 집단으로 선정하여 인터뷰를 실시하였다. 자료는 2005년 1월 초부터 4월까지 수집되었다. 선거 인구 비례로 대표권을 행사하는 전체 성인 211,607,007명을 대표하는 성인을 선발해 전체 8,904건의 전화 인터뷰가 실시하였다. 가중된 전체 단위 반응 비율의 47.6% (the Screener:) 단위 반응 비율<66.9%>의 생산성과 성인교육 단위 반응 비율 <71.2%>)이며 변인 대부분에 관한 문항 무반응 비율은 3% 혹은 이보다 낮은 수치이다. 조사에 관한 추가적인 세부사항들과 반응 비율, 다른 기술적 이슈들은 부록 A에 제공했다.

AE‑NHES: 2005 조사에 따르면 교수자가 존재하는 성인의 형식적 교육활동들과 달리 개인적 흥미로 인해 참여하는 비형식적 성인교육 학습 활동들에서는 교수자가 존재하지 않는다. AE‑NHES: 2005 조사는 형식적 성인교육 활동들과 개인적 흥미를 위한 비형식적 학습 활동 모두에 관심을 둔 NHES 조사의 첫 번째 조사였다.

제2외국어 강습으로서 영어, 기초 기능 또는 General Education Developement (GED)에 관한 강습, 전문대학 또는 대학의 학위 또는 자격증 프로그램, 직업적 또는 기술적 학교 졸업 증서, 학위 또는 수료 이수증 프로그램, 도제 프로그램, 대학 또는 직업적 학위, 졸업 증명서, 수료 이수증, 도제 프로그램의 부분이 아닌 직업과 연관된 과정 혹은 훈련, 그리고 개인적 흥미 과정과 같은 형식적 성인교육 활동들에 참여에 관한 정보를 수집했다. 게다가, 성인들에게 개인적 흥미로 참여하는 비형식적 학습 활동의 참여에 대한 질문을 했다(부록 B - Glossary For definition of term 용어 정의에 관한 용어집). 이 인터뷰에서는 다양한 성인교육 활동 참여 이유에 관한 질문들과, 교육적 활동에 대한 고용주의 지원과 통신교육 방법에 관한 질문들이 포함되었다. 추가적으로 개인적 배경, 고용, 가정 특징들에 관한 정보도 수집하였다.

표와 굵은 점들 속의 제시된 결과들은 변량의 교차표 과정에 의해 형성된 평균, 편차, 비율들이다. 이 보고서에서 만들어진 모든 비교 진술들은 95% 신뢰수준을 보이는 양방검증인 t test를 사용하여 통계적 의미 검증하였다. 이 보고서에서 활용한 통계적 과정들에 관한 세부사항들은 부록 A의 통계적 검증 부분에서 제공하고 있다.

이 E. D. TAB의 목적은 선택된 기술 정보들을 제시함으로써 NCES 조사 자료들을 소개하기 위함이다. E. D. TAB은 사실상 순수하게 기술적(記述的)이다. 독자들은 E. D. TAB에서 제시되는 변량 결과들에만 기초하여 일반적인 추론을 이끌어 내지 않도록 유의해야 한다. 이 보고서에서 검증한 변량들의 상당수는 서로 연관이 있으나, 복잡한 상호 관련성과 관계들은 여기서 탐구하지 않았기 때문이다. 여기서 조사한 변량들은 자료(data)들 안에서 조사될 수 있고 설계를 고안하는 데 도움이 되며 연구를 통해서 현재 이용될 수 있는 정보의 범위를 증명하기 위해 선정된 변량들의 일부이다. 선택된 연구결과들은 자료 이용을 위해서 만들어질 수 있는 비교들의 예시이지 어느 특정 이슈를 강조하기 위해서 고안된 것이 아니다. Release of the E. D. TAB은 자료에 대한 보다 깊은 분석과 보다 정교한 통계적 방법을 사용을 촉진하기 위해 의도된 것이다.

이 자료(data)들의 highlight들을 2005 조사의 질문지들에 관한 각각의 주제 분야들과 관련된 정보들과 함께 다음과 같이 제시된다. 여기서 선택적으로 제시하는 highlight들은 AE - NHES: 2005 조사 자료 안에서 이용되는 정보 유형에 관한 개요를 제공하며 중요점 (highlights)들이 철저히 규명하기 위한 것보다는 예시가 되도록 의도하였다.

성인교육 활동에 참여

● 2005년 봄에서부터 12개월 기간 동안, 성인의 **44%**는 전문대학, 대학 혹은 직업적, 기술적 자격 프로그램(표 1)의 전일제 시간의 입학을 제외한 형식적 성인교육 활동에 참여하고 있다고 응답했다. 활동의 다른 유형(ESL 강습- 1%, 기초 기능/GED 준비 강습- 1%, 부분 시간의 전문대학 혹은 대학 학위 또는 자격 프로그램 - 1)4%, 定時制(part - time) 직업적 혹은 기술적 졸업 증명서 혹은 자격 프로그램- 1%, 도제 프로그램- 1%, 그리고 개인적 흥미에 기초한 강습- 21%.)보다는 일과 관련된 과정 또는 훈련(27%)에 관련된 참여들 보여 왔다고 응답했다.

- 참여하는 이유들-

성인들은 특별히 성인교육적 활동, 즉 ESL 과정, 기본 기술/GED

---

1) 이 보고서 구석구석에서 나온 전문대학/대학 학위 혹은 자격증 프로그램과 직업적/기술적 졸업 증서, 학위 혹은 자격증 프로그램들의 "part - time" 참여는 이러한 프로그램 중 어느 경우에서든지 part - time 등록을 한 것 혹은 이러한 프로그램의 어느 경우에서든지 part - time과 full - time 등록의 결합을 통한 등록 모두를 포함한다. 그래서 비록 시간의 틀 안에서 어느 시점에 등록을 했을지라도, "part - time" 등록은 이전 12개월 안에 일어난 part - time에 기초한 등록을 모두 포함한다.

준비 과정, 직업 관련 과정 또는 훈련 그리고 개인적 흥미 과정들에 참여하는 이유에 대해서 연속적인 질문을 하였다.

- ESL 참여자의 대다수는 자신에 대해서 느끼는 방법(95%)을 증가하기 위해서 혹은 일상의 기초(93%)(표 2)에 기초한 일들을 더 쉽게 하기 위해서 ESL 강습을 듣는다고 응답했다.

- 성인의 가장 큰 비율은 자녀들의 학교 과제를 도와주기 위한 목적(28%), 다른 고용주와 함께 하는 새로운 일을 얻기 위한 목적(55%), 월급 인상 혹은 승진의 목적(45%), 공적 부조 요구를 충족시키기 위한 목적(18%)(표 3)보다는 자신들에 대해서 느끼는 방법(78%)을 향상시키기 위해 기초 기술/GED 준비 강습을 듣는다고 보고했다.

- 이전의 12개월 동안 안에 형식적 직업 관련한 과정 혹은 훈련을 받은 성인 응답자 중에 가장 큰 비율은 기존에 모르던 새로운 기술 또는 방법을 학습하기 위한 목적(83%), 월급의 인상 또는 승진을 하기 위한 목적(19%), 다른 고용주와 함께 하는 새로운 일을 얻기 위한 목적(10%), 국가, 산업 혹은 회사 자격증 또는 면허를 획득하거나 유지하기 위한 목적(42%), 또는 참여를 요구받았기 때문인 경우(63%)보다 성인들이 이미 습득한 기술 또는 지식을 향상시키거나 유지하기 위해서 과정 또는 훈련에 참여(95%)이다.

교육적 활동을 위한 재정적인 지원 자원들과 현금지불경비

성인들에게 인터뷰를 하기 전 12개월 동안 자신이 참여한 각각의 교육적 활동에 있어서 고용주와 다른 조직으로부터 받은 4가지 대안적 형태의 지원에 대한 질문을 했다. 또한 성인들에게 강습료와 납부금 그리고/혹은 과정, 강습 혹은 훈련에 참여하기 위해 필요한 책과 자료들에 대한 현금지불경비를 마련해야만 했던 지출액에 대해서 질문을 했다.

- 고용된 성인들과 12개월 이전 동안 전문대학 또한 대학 학위 혹은 자격증 프로그램에 정시제(定時制, Par-time) 등록을 한 성인들 중에서 직업현장에서 제공받은 프로그램으로 응답(12%), 정규 직업 시간 동안 참여(21%), 또는 성인들이 참여한 시간 동안 월급을 받은 경우로 응답(11%)(표 5)보다 성인들이 재정적 지원에 대한 영수(혹은 수취)(32%)(직역한 것임. 아무래도 의미는 영수증을 제출하면 회사에서 전액 지원해 주는 형태인 것 같다.)이라고 응답한 경우가 더 많았다.

- 전 시간제 고용된 성인은(93, 86, 80, 그리고 81%) 직업과 관련 있는 형식적 과정 혹은 훈련에 대한 고용주의 지원의 수취라고 응답한 경우가 직업 프로그램 강좌를 제외한 지원 형태에 관한 정시제에 고용된 성인의 응답(83, 74, 51, 그리고 57%)보다 높다. 직업 프로그램 강좌에 대한 전 시간제에 고용된 성인(57%)과 정시제에 고용된 성인(59%)의 응답 사이에서는 어떠한 차이점도 발견되지 않았다(표 6).

- 전문대학 혹은 대학의 학위 혹은 자격증 프로그램의 정시제 성인 등록에 대한 평균 현금지불경비 강습료와 납부금은 $1,144였고, 반면에 기초 기능/GED 준비 과정, 도제 프로그램 혹은 직업과 관련 있는 과정 혹은 훈련의 성인 평균 현금지불경비 강습료와 납부금은 $0이다(표 7).

공급자 유형

인터뷰하기 12개월 전 동안에 ESL 강습, 기초 기능/GED 준비 강습, 도제 프로그램, 직업 관련 과정 혹은 훈련과 개인적 흥미에 기초한 과정에 참여하였다고 응답한 성인들은 자신의 교육적 활동의 공급자 유형에 대해서 명확하도록 질문을 받았다. 전문대학 혹은 대학 학위 또는 자격증 프로그램 혹은 직업 혹은 기술적 학위, 졸업 이수증, 자격 프로그램에 참여한 성인들에게는 이러한 대부분 활동의 공급자 유형이 중등과정 이후의 시설이기 때문에 공급자 유형에 관한 질문을 하지 않았다.

• 지난 12개월 동안 ESL 강습, 기초 기능/GED 준비 강습, 도제 프로그램, 직업 관련 과정 혹은 훈련과 개인적 흥미에 기초한 과정에 등록했던 성인들 중에서, 이러한 활동의 하나 혹은 그 이상에서 관해 자주 언급된 교수적 공급자의 유형은 사기업, 회사, 혹은 병원(40%)이었다(표 8).

• ESL 참여자들에게서는 초등학교, 중학교, 고등학교 혹은 성인 학습 센터(46%)에서 제공하는 강습이 중등교육 이후의 시설(37%)을 제외한 다른 형태의 공급자(17%)가 제공하는 강습보다 높은 비율로 나타났다. 초등학교, 중학교, 고등학교 혹은 성인 학습 센터의 강습을 수강하는 성인 비율과 중등교육 이후 시설에서 제공하는 강습을 듣는다고 응답한 성인 비율 사이에서 어떠한 차이점도 발견할 수 없었다.

• 기초 기능/GED 준비 과정 참여자들에게서는 초등학교, 중학교, 고등학교 혹은 성인 학습 센터(43%)에서 제공받는 강습이 중등교육 이후의 시설에서 제공받는 강습(25%)보다 높다고 응답했다. 초

등학교, 중학교, 고등학교 혹은 성인 학습 센터의 강습을 듣는 성인 비율과 중등교육 이후의 시설을 제외한 다른 형태의 공급자의 강습을 듣는 성인 응답자의 비율(32%)에서는 뚜렷한 차이점을 발견하지 못했다(표 10).

- 직업 관련 과정 혹은 훈련의 참가자 사이에서는 교육상의 제공자인 사기업, 회사 혹은 병원(52%)이 다른 형태의 제공자보다 높게 나왔다(표 11).

- 이전의 12개월 동안 개인적 흥미에 기초한 강습에 참가한 성인들 사이에서는 지역사회 혹은 종교 조직 혹은 비영리 기관(52%)인 제공자 유형인 다른 형태의 제공자 유형보다 높게 응답되었다(표 12).

교과학습, 강습 혹은 훈련 안에서 소모된 시간

얼마나 많은 시간을 자신들이 참여하는 성인교육적 활동에서 쓰고 있는지에 대해서 성인들에게 질문하였다.

- 지난 12개월 동안에 개인적 흥미에 기초한 강습을 받는 성인들이 평균적으로 한 시간 이상(59)이라고 응답하여 직업과 관련된 강습 혹은 훈련(42)받은 성인에 비해 많다.

- 지난 12개월 동안에 형식적인 직업과 관련된 강습 혹은 훈련에 참가했다고 응답한 성인 중에서는 10시간 혹은 더 적은 시간 동안 참여했다고(33%) 응답한 성인이 다른 교육적 시간(11~25시간: 24%, 26~50시간: 20%, 51시간 또는 그 이상: 22%)보다 많았다 (표 14).

- 지난 12개월 동안에 개인적 흥미에 기초한 수업에 참여한 성인 중에서 51시간 혹은 그 이상 참여한다고 응답한 성인(34%)이 다

른 범위의 ·교육적 시간이라고 응답한 사람보다 많다. 특히, 개인적 흥미의 수업에 참여한다고 응답한 성인의 24%는 10시간 혹은 그 아래, 24%는 11~15시간, 19%는 26~50시간으로 응답했다(표 15).

통신 교육과 개인적 흥미에 관한 비형식적 학습 활동들

성인들에게 자신들이 이용하는 다양한 형태의 통신 교육 방법과 프로그램 혹은 자신들이 이러한 방법을 사용하기 위한 수업에 대해 질문을 했다. 또한, 성인들에게 개인적 흥미를 위한 다양한 형태의 비형식적 학습 활동의 일에 대해서 질문했다(통신 교육과 비형식적 교육 활동에 관한 부록 B 안에 용어집을 보라).

● 지난 12개월 동안 성인교육적 활동 참여에 대해서 응답했던 1/3(32%) 정도 되는 성인들이 특정 형태의 통신 교육을 사용하고 있는 것으로 응답했다(표 16).

● 지난 12개월 동안 성인교육 활동의 참여자와 비참여자 모두의 사이에서 개인적 흥미에 기초한 비형식적 학습 활동에 참여했다고 응답한 성인 학습자의 가장 높은 비율이 석사 혹은 박사 학위(89%)를 얻기 위해서라고 응답했다(표 17).

<표 5> 선택된 성인 특징들에 의거하여 전문대학 또는 대학 학위, 자격 프로그램, 직업 혹은 기술적 수료증, 학위, 또는 자격 프로그램에서 정시제로 등록한 고용된 성인들의 고용주 지원에 관한 선별된 형태들에 대해 응답 비율: 2004 - 05

교육적 활동 유형	성인 수 (천 명)	공용주의 지원				
		교용주의 지원	재정적 지원 (수업료, 책, 교구)	직장에서 제공하는 프로그램	정규 근무 시간에 받은 프로그램	월급 지급 훈련 시간
정시제 전문대학 혹은 대학 또는 자격 프로그램	6,983	45	43	12	21	11
정시제 직업적 또는 기술적 이수 수료증 혹은 학위 프로그램	1,680	54	47	15	36	30

note: 전문대학 혹은 대학 학위 혹은 자격증 프로그램은 인터뷰하기 전 12개월 안에 정시제 등록 혹은 정시제와 전 시간제의 결합을 통한 등록을 한 참여자들에게서 정의된 프로그램들이다. 직업적 혹은 기술적 수료 이수증, 학위, 자격 프로그램들은 인터뷰하기 전 12개월 안에 정시제 등록 혹은 정시제와 전 시간제의 결합을 통한 등록을 한 참여자들에게서 정의된 프로그램들이다. 특정 형태의 다양한 프로그램에 등록을 했다고 응답한 성인에 관해서는 결과가 각 형태의 모든 프로그램(예: 두 개의 전문대학/대학 프로그램 혹은 두개의 직업적, 기술적 프로그램)에 다양하게 분포되어 있었다. 이러한 질문들은 인터뷰를 하기 전 12개월 동안에 자영업을 하는 사람을 제외하고 일을 했던 사람들에게만 질문을 했으며 그중에서도 전문대학, 전학 학위 또는 자격 프로그램 혹은 직업적, 기술적 수료 이수증, 학위, 자격 프로그램에 참여했다고 응답한 사람들만 질문을 했다. 선택된 성인 특성들에 의한 고용주 지원을 받는 참여자들에 관한 자료는 표본 집단 크기가 작기 때문에 일관되게 이용될 수 없으므로 여기서는 자료를 제시하지 않았다.

Source: U.S 교육부, 교육 통계 국가 기관, 2005 NHES 프로그램

의 성인교육 조사

<표 5a> 선택된 성인 특징들에 의거하여 전문대학 또는 대학 학위, 자격 프로그램, 직업 혹은 기술적 수료증, 학위, 또는 자격 프로그램에서 정시제로 등록한 고용된 성인들의 고용주 지원에 관한 선별된 형태들에 대해 응답 비율 중의 표준 오차: 2004 - 05

표에 나온 단어는 위와 똑같고 숫자만 다르기 때문에 5a표는 생략

note: 위와 똑같음

<표 6> 선택된 성인 특징에 의거하여 일과 관련된 형식적 수업 혹은 훈련에 등록한 고용된 성인(직장이 있다는 의미)의 선택된 고용주 지원의 형태들에 응답한 비율: 2004 - 05

표에 나온 단어 번역은 생략하겠음.

note: 직업과 관련된 수업 또는 과정은 인터뷰를 하기 12개월 전 동안 응답자가 수업을 듣고 있을 때에 직업이 있든 없든 간에 직업 또는 경력과 관련이 있으며 교수가 존재하는 형식적인 수업 또는 훈련이라고 정의하였다. 정보는 인터뷰하기 12개월 전 안에 받은 직업과 관련이 있는 4가지 수업 혹은 훈련까지 수집하였다. 만약 성인이 4가지 수업 혹은 훈련보다 더 많이 참여했을 경우에는 자료 수집을 위해 4가지만 추출하였다. 이러한 질문들은 오직 자영업만 하는 사람은 제외하고 인터뷰하기 12개월 이전에 언젠가 일을 한 사람 중에 직업과 관련된 과정 혹은 훈련을 받는 동안에 고용되었다고 응답한 사람들에게만 질문했다. 세부내용은 지면상 전체적인 용약은 하지 않았다.

Source: U.S 교육부, 교육 통계 국가 기관, 2005 NHES 프로그램의 성인교육 조사

<표 6a> 선택된 성인 특징에 의거하여 일과 관련된 형식적 수업

혹은 훈련에 등록한 고용된 성인(직장이 있다는 의미)의 선택된 고용주 지원의 형태들에 응답한 비율의 표준 오차: 2004 - 05

note, source: 위 표 6과 같음

<표 7> 학습 활동 유형에 의거하여 성인 학습 활동에 대한 평균 현금지불비용과 성인 학습 활동에 대한 비용을 $0로 응답한 사람들의 비율

!는 데이터를 해석할 때 주의하라는 의미, 변인 계수가 50%이거나 더 높다.

note: 각각의 학습 활동에 관해서 현금 지불비용의 분배가 매우 왜곡되어있다. 결과적으로 평균 대신에 중앙값을 기록하였다.

Source: U.S 교육부, 교육 통계 국가 기관, 2005 NHES 프로그램의 성인교육 조사

<표 7a> 학습 활동 유형에 의거하여 성인 학습 활동에 대한 평균 현금지불비용의 중앙값에 대한 표준오차

+는 적용할 수 없음의 의미. 표준오차는 중앙값 0으로 계산할 수 없다.

!는 데이터를 해석할 때 주의하라는 의미, 변인 계수가 50%이거나 더 높다.

note, source는 위와 같음

<표 8> 제공자 유형에 의거하여 제2외국어수업으로 영어 수업, 기초 기능 또는 GED 준비 수업, 직업과 관련된 형식적 수업 혹은 훈련, 또는 개인적 흥미에 기초한 수업에 참여하는 성인 비율과 수. 2004 - 05

표본에서 사전측정치가 0 또는 0 경우로 순환한다.

note: 이러한 성인교육적 활동들은 전문대학/대학 또는 직업적/기술적 자격 프로그램을 포함하지 않기에 모든 제공자들은 중등교육 이후 시설로 가정될 수 있다. 도제 프로그램에 등록하고 게다가 고용주 또는 다른 제공주가 프로그램을 제공한다고 응답한 성인에 관해서, 이 분류에 양립할 수 있는 도제 제공자 정보가 수집이 되지 않기 때문에 도제 참여는 제공주 유형에 의거하여 포함되지 않았다. 세부사항들의 전체를 요약하지 않았고 사람들이 한 개 이상의 제공자에게서 프로그램 그리고/혹은 수업 혹은 훈련을 받기 때문에 100%보다 더 높은 %가 나오므로 백분율도 요약하지 않았다.

Source: U.S 교육부, 교육 통계 국가 기관, 2005 NHES 프로그램의 성인교육 조사

<표 8a> 제공자 유형에 의거하여 제2외국어수업으로 영어 수업, 기초 기능 또는 GED 준비 수업, 직업과 관련된 형식적 수업 혹은 훈련, 또는 개인적 흥미에 기초한 수업에 참여하는 성인 비율과 수의 표준오차. 2004 - 05

mote, source는 위의 표와 같음

<표 1>

성인의 특성 중 선택된 특성과 교육적 활동에 따른 성인교육 활동에서의 성인 참여 비율

<표 1a>

성인의 특성 중 선택된 특성과 교육적 활동에 따른 성인교육 활동에서의 성인 참여 비율에 관한 표준오차

<표 2>

제2외국어로서 영어 수업에 참여하는 성인들이 이 수업을 채택한

이유에 대한 성인의 수와 비율

note: 영어가 모국어가 아니고 인터뷰를 실시하기 12개월 동안 ESL 코스를 참여한 사람들에게서 정보를 수집

<표 2a>

제2외국어로서 영어 수업에 참여하는 성인들이 이 수업을 채택한 이유에 대한 성인의 수와 비율에 관한 표준오차

<표 3>

기초기능과 GED 준비 수업에 참여한 성인들이 이 수업을 채택한 이유에 대한 성인의 수와 비율

<표 3a>

기초기능과 GED 준비 수업에 참여한 성인들이 이 수업을 채택한 이유에 대한 성인의 수와 비율에 관한 표준오차

<표 4>

직업과 관련이 있는 과정 혹은 훈련에 참여한 성인들이 이 수업을 채택한 이유에 대한 성인의 수와 비율

<표 4a>

직업과 관련이 있는 과정 혹은 훈련에 참여한 성인들이 이 수업을 채택한 이유에 대한 성인의 수와 비율에 관한 표준오차

<표 9>

아래의 제공자 유형에 의거하여 ESL 수업으로 영어 수업에 참여한 성인들의 수와 비율

<표 9a>

아래의 제공자 유형에 의거하여 ESL 수업으로 영어 수업에 참여한 성인들의 수와 비율에 관한 표준오차

<표 10>

아래의 제공자 유형에 의거하여 기초 기능 혹은 GED 준비 수업
에 참여한 성인들의 수와 비율

<표 10a>

아래의 제공자 유형에 의거하여 기초 기능 혹은 GED 준비 수업
에 참여한 성인들의 수와 비율에 관한 표준오차

<표 11>

아래의 제공자 유형에 의거하여 직업과 관련 있는 과정 혹은 훈련
에 참여한 성인들의 수와 비율

<표 11a>

아래의 제공자 유형에 의거하여 기초 기능 혹은 GED 준비 수업
에 참여한 성인들의 수와 비율에 관한 표준오차

<표 12>

아래의 제공자 유형에 의거하여 개인적 흥미에 기초한 수업에 참
여한 성인들의 수와 비율

<표 12a>

아래의 제공자 유형에 의거하여 개인적 흥미에 기초한 수업에 참
여한 성인들의 수와 비율에 관한 표준오차

<표 13>

지난 12개월 동안 성인교육활동에서 평균적으로 성인이 사용한 수
업 교육적 시간 혹은 이수단위 시간

<표 13>

지난 12개월 동안 성인교육활동에서 평균적으로 성인이 사용한 수
업 교육적 시간 혹은 이수단위 시간의 표준오차

<표 14> 아래의 성인 특성에 의거하여 지난 12개월 동안 직업과 관련한 과정 혹은 훈련에 참여한 성인들의 구체적인 교육적 시간에 대한 응답의 비율

<표 14a>

아래의 성인 특성에 의거하여 지난 12개월 동안 직업과 관련한 과정 혹은 훈련에 참여한 성인들의 구체적인 교육적 시간에 대한 응답의 비율에 관한 표준오차

<표 15> 아래의 성인 특성에 의거하여 지난 12개월 동안 개인적 흥미에 기초한 과정 참여한 성인들의 구체적인 교육적 시간에 대한 응답의 비율

<표 15a> 아래의 성인 특성에 의거하여 지난 12개월 동안 개인적 흥미에 기초한 과정 참여한 성인들의 구체적인 교육적 시간에 대한 응답의 비율에 관한 표준오차

<표 16> 아래의 성인 특성에 의거하여 지난 12개월 동안 어떤 형태로든 간에 통신교육에 참여한 성인의 수와 비율

<표 16a> 아래의 성인 특성에 의거하여 지난 12개월 동안 어떤 형태로든 간에 통신교육에 참여한 성인의 수와 비율에 관한 표준오차

<표 17> 아래의 교육적 활동과 선택된 성인 특성에 의거하여 개인적 관심을 위한 비형식적 교육활동에 참여한 성인의 수와 비율

<표 17a> 아래의 교육적 활동과 선택된 성인 특성에 의거하여 개인적 관심을 위한 비형식적 교육활동에 참여한 성인의 수와 비율에 관한 표준 오차

이부일(李富一)

▌약력

조선대학교와 동대학원에서 평생교육 HRD를 공부하였으며, 숭실대학교에서 "노인들의 평생교육시설프로그램 참여와 비참여 연구로"로 박사학위를 받았다.

지금은 숭실대학교와 중앙대학교에서 강의를 하고 있으며 진원산업(주) 회장으로 경영일선에서 물러나 틈틈이 자원봉사활동을 병행하고 있다.

현재는 한국성인교육 · HRD연구소의 연구교수로 재직 중이며, 그간 서울시사회과교육협의회 회장으로 지역사회교육정책 문제에도 관심을 갖었으며, 그간 자격으로는 평생교육사1급, 중등사회과교사1급, 공인경영지도사 (인적자원관리전문경영컨설턴트) 등을 취득하였으며, 각 대학교, 지자체, 평생교육원 및 각종 정부 연수원, 기업체 연수원 등에서 특강을 하였다.

상훈으로는 서울대 FIP과정 최우수논문상, 푸른기장증, 옥조근조훈장을 수상하였으며 언론 등에 "평생교육실천 인물"등으로 소개되었다.

▌주요 논저

『지역사회교육론』
『평생교육학 사전』
「노인들의 평생교육프로그램 참여에 관한 연구」
「노인평생교육시설프로그램 참여 요구」
외 다수

노인
평생교육시설
프로그램 참여 동기와
비참여 요인

초판인쇄 | 2010년 7월 19일
초판발행 | 2010년 7월 19일

지 은 이 | 이부일
펴 낸 이 | 채종준
펴 낸 곳 | 한국학술정보㈜
주　　소 | 경기도 파주시 교하읍 문발리 파주출판문화정보산업단지 513-5
전　　화 | 031) 908-3181(대표)
팩　　스 | 031) 908-3189
홈페이지 | http://ebook.kstudy.com
E-mail | 출판사업부 publish@kstudy.com
등　　록 | 제일산-115호(2000. 6. 19)

ISBN　978-89-268-1193-1 93330 (Paper Book)
　　　　978-89-268-1194-8 98330 (e-Book)

 은 시대와 시대의 지식을 이어 갑니다.